Abi-Aufsatz
leicht gemacht

für die berufliche und

allgemeinbildende Oberstufe

von

Ulrike Grützner

Handwerk und Technik • Hamburg

Gebrauchsanleitung für dieses Buch

Im schriftlichen Abitur erwartet man von Ihnen einen souveränen Umgang mit Texten. Hierfür müssen Sie unterschiedlichste Textsorten erschließen und im Anschluss einen Aufsatz dazu schreiben.
Gleichzeitig wird von Ihnen erwartet, dass Sie besondere, an bestimmte Textsorten gebundene Aufgabenstellungen systematisch bearbeiten.

Kapitel 1 macht Sie noch einmal mit grundlegenden Vorgehensweisen und Techniken für das Bearbeiten und Verfassen von Texten vertraut, unabhängig von Textsorte und Aufgabenstellung.

In den Kapiteln 2 bis 4 wird dann an solchen für die Abiturprüfung typischen Textsorten gezeigt, wie Sie einen Text im Rahmen einer besonderen Aufgabenstellung analysieren, um dann auf Grundlage Ihrer Textanalyse einen entsprechenden Aufsatz zu verfassen.
Beide Schrittfolgen – die Analyse eines Textes sowie das Verfassen des dazugehörigen Aufsatzes – werden für die einzelnen Textsorten exemplarisch in jeweiligen, sich wiederholenden Arbeitsschritten dargestellt. Darüber hinaus finden Sie am Ende eines jeden Kapitels grundlegende, über das konkrete Textbeispiel hinausweisende Fachbegriffe, die Ihnen helfen, die jeweilige Aufsatzart auch fachsprachlich angemessen zu erstellen.

Die einzelnen Aufsatzarten mit ihren jeweilig dazugehörigen Typen an Prüfungsaufgaben sind den Bereichen Sachtexte (Kapitel 2), Aufsatzform Erörterung (Kapitel 3) sowie literarische Texte (Kapitel 4) zugeordnet.

Im günstigen Fall sind Sie nach dem Durcharbeiten dieses Buchs mit den sich in jedem Kapitel wiederholenden Arbeitsschritten so weit vertraut, dass Sie diese zu jeder beliebigen Aufgabenstellung und darüber hinaus gegenüber jedem beliebigen Text anwenden können.

Und nun viel Spaß beim Methodentraining als Vorbereitung auf Ihr Abitur!

INHALTSVERZEICHNIS

1 Grundlagen des Textverstehens

Bevor ein Text richtig verstanden und im Rahmen einer Aufgabe bearbeitet werden kann, muss er erst einmal gelesen werden. Aber auch richtig und strukturiert lesen können erfordert Wissen und Übung.

1.1 Auch Lesen will gelernt sein

Engagement, Lückenfüller und Karrierebaustein

Das Freiwillige Ökologische Jahr 2009 hat begonnen / Gründe für den Einsatz sind vielfältig

Von Katharina Zeiher

1 So abenteuerlich wie der Einsatz von Tino, der an einer Forschungsexpedition auf dem Atlantik teilnahm, sind wohl nur die wenigsten Stellen des Freiwilligen Ökologischen Jahres (FÖJ). Schon häufiger gibt es Plätze in der Umweltbildung und auf Tierhöfen, in Botanischen Gärten, technischen Labors und bei Umweltverbänden. Beim Jugendverband
5 des Naturschutzbundes NABU etwa hat die 20-jährige Elise als FÖJlerin eine Kampagne mit vorbereitet. Mittlerweile studiert sie Kulturwissenschaften, findet aber trotzdem, dass ihr die Erfahrungen aus dem freiwilligen Jahr „was gebracht" haben.

Ein Jahr lang eine sinnvolle Arbeit tun, gemeinsam mit anderen etwas erleben oder
10 einfach nur „nicht rumhängen" - das wollen hunderte Schulabgängerinnen und Schulabgänger, die sich jedes Jahr in Berlin für ein FÖJ entscheiden. 290 junge Leute aus Berlin starteten im September bei ihren Einsatzstellen. Die Gründe für die freiwillige Arbeit sind ganz unterschiedlich: Von Ratlosigkeit über die eigene Zukunft bis zur Überzeugung, etwas für die Umwelt tun zu wollen, ist alles dabei.
15 Der 20-jährige Markus will im FÖJ beim Umweltbundesamt erproben, ob das Berufsfeld Umwelttechnik tatsächlich etwas für ihn ist. Die geringe Bezahlung findet er „angemessen" - allerdings habe er von ehemaligen FÖJlern auch schon gehört, „das manche Stellen das ausnutzen und die billigen Freiwilligen als volle Arbeitskräfte ausnutzen".
20
[...] Umweltsenatorin Katrin Lompscher [betont], dass das freiwillige Jahr „angesichts der schwierigen Situation auf dem Ausbildungs- und Arbeitsmarkt" eine gute Möglichkeit sei, Wartezeiten zu überbrücken und Qualifikationen zu sammeln. Einen sozialen oder politischen Anspruch machen nur wenige so ausdrücklich geltend wie der
25 Bundessprecher der FÖJ, Sebastian Pfeifer. Den neuen FÖJlern gibt er auf den Weg, in den kommenden 12 Monaten ein „ökologisches und soziales Selbstverständnis" zu entwickeln und „kritischer" zu werden.

FÖJler bekommen ein monatliches „Unterkunfts- und Taschengeld", in Berlin derzeit
30 rund 350 Euro. Sie haben Anspruch auf vollständige Sozialbeiträge und Fortzahlung des Kindergeldes. Ob man davon leben kann? Man kann, sagt Elise, die während ihres FÖJ in einer WG wohnte. Sie hat zusätzlich zu Taschen- und Kindergeld noch Wohngeld beantragt.
Doch viele FÖJler leben noch zu Hause oder werden [...] von ihren Eltern finanziell
35 unterstützt.

[...] In der Regel dauert die freiwillige Vollzeitarbeit bei einer der anerkannten Einrichtungen zwölf Monate. Auch im Ausland oder als Ersatz für den Zivildienst kann das FÖJ abgeleistet werden.

(aus: ND, 14.09.2009, Seite 15)

1.1.1 Ein Überblick über häufig verwendete Lesetechniken

Wie genau sollten Sie lesen? Oder konkreter gefragt: Wie genau haben Sie sich gerade den Beispieltext auf der vorigen Seite durchgelesen? Nur die Überschrift oder auch den Untertitel? Oder haben Sie angefangen, Wort für Wort zu lesen?

Auf jeden Fall haben Sie dabei eine der folgenden Lesetechniken angewandt.

global lesen: Interessiert Sie beispielsweise nur ein bestimmtes Thema, dann lesen Sie nur die Überschriften auf der Suche nach einem Text bzw. Zeitungsartikel.
Engagement, Lückenfüller und Karrierebaustein

überfliegendes Lesen: Sie achten auf Hervorgehobenes.
Das Freiwillige Ökologische Jahr 2009 hat begonnen / Gründe für den Einsatz sind vielfältig

diagonales Lesen: Sie lesen immer nur den Anfang eines Absatzes, erfassen damit seinen inhaltlichen Kerngedanken oder einen auffälligen Schlüsselbegriff.
Ein Jahr lang eine sinnvolle Arbeit tun [...]

verweilendes Lesen: Sie lesen den Text Wort für Wort – von der ersten bis zur letzten Zeile.

selektierendes Lesen: Sie suchen nach der inneren Logik des Textes, d.h. nach der Reihenfolge, in welcher der Autor seine Gedanken notiert.
- *Einsatzorte für das FÖJ*
- *Gründe für das FÖJ: Ratlosigkeit über die eigene Zukunft, etwas für die Umwelt tun, Wartezeit überbrücken, Qualifikationen sammeln*
- *finanzielle Absicherung*

ergänzendes Lesen: Meistens bleibt etwas unklar, ein Begriff zum Beispiel oder ein Zusammenhang. Dann müssen Sie den Text noch einmal lesen und eventuell auch in einem Lexikon den unbekannten Begriff nachschlagen. Die Erklärung dazu notieren Sie mit eigenen Worten an den Rand.
FÖJ: Freiwilliges Ökologisches Jahr
Kindergeld: wird für Minderjährige bis zum Abschluss einer Ausbildung, maximal bis zum 27. Lebensjahr gezahlt.

Ist Ihnen aufgefallen, dass Sie mit jeder Lesetechnik den Text genauer erschließen?
Und wie lesen Sie Texte, die Sie bearbeiten sollen? Überlegen Sie, welche Lesetechnik jeweils zutrifft:
- Sie erfassen Überschrift und Aufgabenstellung.
- Sie lesen den gesamten Text in aller Ruhe durch.
- Anschließend oder bereits gleichzeitig markieren Sie Hervorgehobenes.
- Dabei stechen Ihnen bestimmte Textstellen ins Auge.
- Fallen Ihnen bereits wichtige Hintergrundinfos ein? Dann notieren Sie an der entsprechenden Stelle im Text dazu ein Stichwort.
- Spätestens jetzt lesen Sie nochmals alles genauer und erfassen die Kerngedanken der einzelnen Abschnitte.

Beispiel:

global lesen:
Überschrift
erfassen

Engagement, Lückenfüller und Karrierebaustein

Das Freiwillige Ökologische Jahr 2009 hat begonnen / Gründe für den Einsatz sind vielfältig

einen Text
überfliegen

Von Katharina Zeiher

diagonal lesen:
Absätze anlesen
Was?
Wer?
Vorteile

1 So abenteuerlich wie der Einsatz von Tino, der an einer *Forschungsexpedition* auf dem Atlantik teilnahm, sind wohl nur die wenigsten Stellen des *Freiwilligen Ökologischen Jahres (FÖJ)*. Schon häufiger gibt es Plätze in der *Umweltbildung* und auf Tierhöfen, in *Botanischen Gärten, technischen Labors* und bei *Umweltverbänden*. Beim Jugendverband
5 des Naturschutzbundes NABU etwa hat die 20-jährige Elise als FÖJlerin eine Kampagne mit vorbereitet. Mittlerweile studiert sie Kulturwissenschaften, findet aber trotzdem, dass ihr die Erfahrungen aus dem freiwilligen Jahr „was gebracht" haben.

Ein Jahr lang eine sinnvolle Arbeit tun, gemeinsam mit anderen etwas erleben oder ein-
10 fach nur „nicht rumhängen" – das wollen hunderte Schulabgängerinnen und Schulab-
gänger, die sich jedes Jahr in Berlin für ein FÖJ entscheiden. 290 junge Leute aus Berlin starteten im September bei ihren Einsatzstellen. Die Gründe für die freiwillige Arbeit sind ganz unterschiedlich: *Von Ratlosigkeit über die eigene Zukunft bis zur Überzeugung, etwas für die Umwelt tun zu wollen,* ist alles dabei.

selektiv lesen:
z. B. Gründe für das
Freiwillige Ökolo-
gische Jahr erfassen

15 Der 20-jährige Markus will im FÖJ beim Umweltbundesamt erproben, ob das Be-
rufsfeld Umwelttechnik tatsächlich etwas für ihn ist. Die geringe Bezahlung findet er „angemessen" - allerdings habe er von ehemaligen FÖJlern auch schon gehört, „das manche Stellen das ausnutzen und die billigen Freiwilligen als volle Arbeitskräfte ausnutzen".
20

[...] Umweltsenatorin Katrin Lompscher [betont], dass das freiwillige Jahr „angesichts der schwierigen Situation auf dem Ausbildungs- und Arbeitsmarkt" eine gute Möglichkeit sei, Wartezeiten zu überbrücken und Qualifikationen zu sammeln. Einen sozialen oder politischen Anspruch machen nur wenige so ausdrücklich geltend wie
25 der Bundessprecher der FÖJ, Sebastian Pfeifer. Den neuen FÖJlern gibt er auf den Weg, in den kommenden 12 Monaten ein „ökologisches und soziales Selbstverständnis" zu entwickeln und „kritischer" zu werden.

verweilend lesen:
Zitate herausfinden

FÖJler bekommen ein monatliches „Unterkunfts- und Taschengeld", in Berlin derzeit
30 rund 350 Euro. Sie haben Anspruch auf vollständige Sozialbeiträge und Fortzahlung des Kindergeldes. Ob man davon leben kann? Man kann, sagt Elise, die während ihres FÖJ in einer WG wohnte. Sie hat zusätzlich zu Taschen- und Kindergeld noch Wohngeld beantragt.
Doch viele FÖJler leben noch zu Hause oder werden [...] von ihren Eltern finanziell
35 unterstützt.

ergänzend lesen

[...] In der Regel dauert die freiwillige Vollzeitarbeit bei einer der anerkannten Einrichtungen zwölf Monate. *Auch im Ausland oder als Ersatz für den Zivildienst* kann das FÖJ abgeleistet werden.

1.1.2 Nur lesen? – Häufig verwendete Strategien für das Textverstehen

Was immer Sie an Informationen lesend aufnehmen, sollten Sie irgendwo schriftlich ablegen, denn:

- erstens entlasten Sie damit Ihr Gedächtnis,
- zweitens bringen Sie in die Menge der Informationen eine Struktur hinein,
- drittens haben Sie eine Aufgabenstellung zu bearbeiten, nämlich in Form eines selbst geschriebenen Textes.
  Mit Hilfe bestimmter Lesestrategien sammeln Sie das entsprechende Material hierfür:

Resümieren (Zusammenfassen):

Am schnellsten geht das **Resümieren**: Sie schreiben in ein bis zwei Sätzen auf, worum es im Text geht.
Katharina Zeiher informiert über die Möglichkeiten des Freiwilligen Ökologischen Jahres. Es ist besonders geeignet für Schulabgänger vor Antritt einer Berufsausbildung.

Segmentieren (Unterteilen):

Abiturtexte sind meistens recht lang. Unterteilen Sie einen solch langen Text in Zwischenabschnitte: **Segmentieren** Sie ihn und finden Sie für die einzelnen Absätze eine passende Überschrift. Auf diese Weise erkennen Sie den Gedankengang des Autors und erhalten einen Überblick über die inhaltliche Struktur – **den roten Faden** – des Textes.

Paraphrasieren (Umschreiben):

Erscheint Ihnen ein Sachverhalt des Textes zu kompliziert erklärt, dann formulieren Sie eben das Verstandene mit eigenen Worten: **Paraphrasieren** Sie.

Erweitern:

Wenn Begriffe unklar bleiben, aber verstanden werden müssen, dann schlagen Sie in einem Wörterbuch oder Lexikon nach. Notieren Sie das Erklärte in Stichworten am Rand. Auf diese Weise **erweitern** Sie Textstellen.

Konspektieren (Übersicht schaffen):

Erstellen Sie ein **Konspekt:**
Formulieren Sie den gedanklichen roten Faden mit eigenen Worten, Stichworte genügen dabei vorerst. Heben Sie Zusammenhänge zwischen Gedanken oder Ursachen-Folgen-Beziehungen durch Symbole, Pfeile und andere graphische Elemente hervor.

Exzerpieren (Herausschreiben):

Sticht eine Textstelle, eine Wortgruppe, ein Satz des Textes besonders ins Auge? Ist dieser Satz wichtig im Hinblick auf das Verständnis des Themas, die Beantwortung einer Aufgabenstellung? Enthalten diese Stellen zentrale Informationen, Fakten, Aussagen, die zitatwürdig sind? Dann **exzerpieren** Sie diese wortwörtlich. Sie schreiben also diese Stelle des Textes Wort für Wort ab. Achtung: Derartige Zitate benötigen einen Nachweis, die Zeilenangabe, oder bei längeren Texten die Seitenangabe. Autor und Titel des Textes gehören auch dazu. (Siehe hierzu auch Seite 6)

Probieren Sie alle diese Lesestrategien bewusst aus.

- Welche Lesestrategien verwenden Sie am häufigsten?
- In welcher Reihenfolge wenden Sie diese Strategien an, wenn Sie einen Text bearbeiten?

Versuchen Sie nun, auch solche Strategien anzuwenden, auf die Sie vorher nicht zurückgegriffen haben!

Beispiel:

Genuss ohne Schranken

Das Potsdamer Hans-Otto-Theater (HOT) zeigt Molières <u>Komödie</u> „Don Juan oder Der steinerne Gast".

Resüme:
Information über die Aufführung des „Don Juan" im HOT in Potsdam

Erweitern:
<u>Komödie</u>: verlacht Charaktermerkmale von Menschen

[Handlung im Don Juan]

Zur Eroberung einer schönen Frau ist Don Juan jedes Mittel recht. Er ist ein Verführer, der keine Begriffe wie Ehre und Moral kennt. So verstößt er seine Frau Elvira, weil er ihrer überdrüssig und außerdem für eine andere Schöne entflammt ist. Um der Rache von Elviras Bruder zu entgehen, müssen Don Juan und sein getreuer Diener Scanarelle fliehen, und wieder tröstet er sich mit einer neuen Eroberung. Durch Zufall kann Don Juan Elviras Bruder aus den Händen von Banditen befreien und entgeht so dem Duell. Aber allen Vorhaltungen zum Trotz ändert er seinen Lebensstil nicht. Im Gegenteil.

Paraphrase:
Inhaltsangabe der Komödie:
Don Juan ist ein Genießer, wechselt seine Frauen wie Hemden, müsste sich deswegen mit seinem Schwager duellieren, hilft diesem aber aus der „Klemme".

[HOT hat neuen Intendanten]

Der neue Intendant des Hans-Otto-Theaters, Tobias Wellenmeyer, hatte sich diesen Edelmann und skrupellosen Frauenverführer bereits in seiner Magdeburger Ära vorgenommen. Für das HOT nimmt er die Produktion noch einmal auf.

Konspekt:
Regie am HOT:
Tobias Wellenmeyer

[Resonanz der Komödie]

1665 erfolgreich uraufgeführt, wurde das Stück zwar nicht sofort verboten, Molière musste aber einige besonders provokante Szenen streichen: Angegriffen fühlten sich vor allem Vertreter des Adels, die sich in dem gotteslästernden Libertin porträtiert sahen. <u>In seiner Mischung aus Komödie, Farce, Satire und Tragödie ist der Don Juan eines der vielschichtigsten Werke Molières, der Titelheld, zugleich fröhlich auftrumpfender Verführer wie trister Heuchler, eine der schillerndsten und rätselhaftesten Figuren der Weltliteratur.</u>

Konspekt:
Historische Wirkung:
Adel fühlte sich angegriffen

Exzerpt:
wörtlich zitieren

(Info zu: „Don Juan oder Der steinerne Gast",
Premiere: 24.10., 19.30 Uhr, Hans-Otto-Theater, Potsdam)

Erweitern:
Hinweise zu dieser Komödie beispielsweise in einem Literaturlexikon nachschlagen.

SEGMENTIEREN

1.1.3 Regeln des Zitierens

Ein Zitat ist eine wörtlich übernommene Stelle aus einem Text (Originalton der Textquelle) .

Der Anlass

Zitiert werden in der Regel Autoritäten, d.h. beispielsweise Fachleute oder prominente Personen des öffentlichen Lebens. Eine Autorität zu zitieren dient in der Regel dazu, **seiner eigenen Meinung oder Aussage Nachdruck zu verleihen** oder deren Richtigkeit zu beweisen. Hierzu wird grundsätzlich die Quelle angegeben.

Man zitiert außerdem,

- um einen wichtigen Gedanken zu stützen,
- um die Meinung einer Person authentisch, also im Original, wiederzugeben,
- um die Interpretationshypothese durch Beleg am Text zu stützen, zu beweisen oder zu untermauern,
- wenn man einen wichtigen Gedanken nicht selbst präziser und prägnanter formulieren kann, als dies in der Quelle bereits getan wurde.

Die Form

a) So gehen Sie ganz allgemein vor:

Notieren Sie die betreffenden Worte (Original-Ton) und setzen Sie diese in Anführungszeichen.

Beispiel: *„Lesen kann man nicht befehlen, nicht mit erhobenem Zeigefinger und auch nicht mit Appellen.“*

Hinter das Anführungszeichen notieren Sie in runden Klammern die Quelle:

Beispiel: *(Iris Radisch. Zeichen und Wunder. In: Die Zeit, Nr. 51, 2003, Seite 1, Zeile 10)*

Folgen mehrere Zitate von der selben Quelle ohne Unterbrechung aufeinander, schreibt man in Klammern einfach **ebd.** (= ebenda).

Beispiel: *(ebd., Seite 1), (ebd., Zeile 5)*

b) So können Sie ein Zitat in den eigenen Satzaufbau integrieren:

Die so genannten Verben des Sagens (Verba dicendi) oder des Meinens (Verba cogitandi) zeigen dabei die wörtliche Rede an: z.B. sagen, meinen, behaupten, bestreiten, widerlegen, diskutieren, appellieren.

Beispiel: Iris Radisch *behauptet: „Das Weltwunder Lesen war immer etwas für wenige.“* (ebd., Zeile 6)

Oder Sie leiten indirekt auf die wörtliche Rede hin:

Beispiel: Iris Radisch *behauptet, dass „gute Bücher [...] nicht nur Herz und Verstand“ bilden, sondern auch glücklich machen.*

Eckige Klammern geben ein Signal: Der eigene **Satzaufbau** hat Vorrang. Damit ändert sich gelegentlich die Grammatik des Zitierten. Solche nötig gewordenen Änderungen zeigen Sie durch eckige Klammern an:

Beispiel: *Die Autorin ist sich sicher, dass „Literatur [...] nur durch sich selbst überzeugen [kann]“.* (ebd., Zeile 27)

Ist das **Zitat zu lang** oder nicht jeder Gedanke brauchbar? Dann kürzen Sie entsprechend und zeigen dies aber durch eckige Klammern mit Auslassungspünktchen an ([...]).

Beispiel: *„Soll man lesen, um dem Kulturbürgertum anzugehören [oder] um seine Eheprobleme zu lösen oder gar [...] in der multimedialen Gesellschaft mitzuhalten? Das alles wird nicht verfangen.“*

Verwenden Sie den **Konjunktiv**: Zum einen geben Sie damit den zitierten Gedanken in der indirekten Rede wieder, zum anderen distanzieren Sie sich damit gleichzeitig vom Gesagten.

Beispiel: Iris Radisch behauptet, Literatur sei eine echte Alternative, keine Flucht vor der Wirklichkeit, sondern eine Gegenwirklichkeit. (vgl. Zeile 29-31)

Beispiel:

Zeichen und Wunder

Gute Bücher bilden nicht nur Herz und Verstand: Sie machen auch glücklich

von Iris Radisch

1 Die schlimme Nachricht heißt: nur noch sechs Prozent aller Deutschen greifen abends lieber zum Buch als zur TV-Fernbedienung. Das klingt zwar nach Bildungsapokalypse und Untergang des Abendlandes. [...] Kerner beliebter als Kleist? Wickert bekannter als Wieland? [...]

5 Das Weltwunder Lesen war immer etwas für wenige. Bis die Aufklärung kam und eine grandiose Idee hatte: Gleichheit, Brüderlichkeit, Freiheit für alle – auch in der Erziehung. Folgt man der Idee, ist ein Verleger, der lieber Bücher über Steuertricks als Gedichte verlegt, ein kulturloser Geschäftemacher und sind Eltern, die ihr Automobil

10 zwar vorbildlich parken, ihre Kinder aber blindlings vor dem Fernseher absetzen, gewissenlose Kinderverderber. Wie gesagt, eine großartige Idee.
Leider versagt sie in der Praxis. Denn in ihr kippen Fernseh- und Rundfunkintendanten ihre Kultursendungen haufenweise auf den Müll, steigt die Produktion von primitiven Wegwerfbüchern von Jahr zu Jahr, verbringen immer kleinere Kinder

15 immer mehr Zeit vor dem Fernseher, sinkt die so genannte Lesekompetenz nicht nur der Kinder. Politiker lassen nicht nur schreiben, sondern auch lesen, und die meisten ihrer Wähler können sich allenfalls noch auf Kürzesttexte konzentrieren. Was soll man machen?

> Verbi dicendi nutzen:
> Iris Radisch *behauptet ...*

20 Lesen kann man nicht befehlen, nicht mit erhobenem Zeigefinger und auch nicht mit Appellen. Wie sollten die denn aussehen? Soll man lesen, um dem Kulturbürgertum anzugehören und einen Sonnenaufgang brav im Stil von Thomas Mann mit dem Rosenrot im griechischen Götterhimmel vergleichen zu können? Soll man lesen, um seine Eheprobleme zu lösen oder gar um in der multimedialen Gesellschaft

25 mitzuhalten? Das alles wird nicht verfangen.

> Original-Ton

> kürzen

[...] In Wirklichkeit gilt: Literatur kann nur durch sich selbst überzeugen. Sie ist nicht dazu da, Lebenswirklichkeiten nachzuplappern, zu überhöhen oder Berufskarrieren zu begründen. Sie ist etwas Ernsteres. Sie **ist** eine echte Alternative, keine Flucht

30 vor der Wirklichkeit, sondern eine Gegenwirklichkeit, mancher sagt: die eigentliche Wirklichkeit. Nur in großer Literatur sind vergangene Zeiten gegenwärtig, nur hier ist das Innere eines anderen für uns erfahrbar, nur hier können wir uns selbst als Fremde begegnen, nur hier sind Anarchie und Subjektivität wirklich zu Hause. Was wüssten wir vom Judentum, was vom Christentum oder den anderen Religionen

35 ohne Literatur? ... Gute Bücher erklären und öffnen uns die Welt, wie niemand sonst es vermag.

> in den eigenen Satzbau integrieren

> Wiedergabe durch indirekte Rede mit Konjunktiv

(aus: Die Zeit, Nr. 51, 2003, Seite 1)

1.1.4 Den genauen Fundort angeben – die Quellenangabe

Jedes Zitat benötigt eine korrekte Literaturangabe. Notieren Sie also:

- den Autor bzw. die Autorin,
- den Titel, gegebenenfalls den Untertitel,
- das Erscheinungsjahr,
- die Seite und gegebenenfalls die Zeile auf der Seite.

a) Quellenangabe bei einer Monographie (Fachbuch)

Autor:	Melissa Müller
Titel:	Das Mädchen ANNE FRANK.
Untertitel:	Die Biographie. Mit einem Nachwort von Miep Gies
Erscheinungsort:	München
Erscheinungsjahr:	2000

Das Ganze sieht als Fließtext dann wie folgt aus:

Beispiel: Müller, Melissa: Das Mädchen ANNE FRANK. Die Biographie. Mit einem Nachwort von Miep Gies. München 2000.

b) Herausgeber bei Sammelbänden, Lexika, Enzyklopädien

Die Herausgeber (Abkürzung: Hg.) können vor oder nach dem Titel stehen. Es entscheidet der Blick auf die erste Seite des Buchs.

Beispiel: Meilensteine der Menschheit. Hundert Entdeckungen, Erfindungen und Wendepunkte der Geschichte. 2. überarbeitete Auflage. **Hg.** v. d. Brockhaus-Redaktion, Leipzig, Mannheim 2003.

c) Quellenangabe bei Artikeln aus Zeitungen oder Zeitschriften

Folgen Sie hierzu am besten diesem Muster:

Autor: Titel. In: [Name der Zeitung bzw. Zeitschrift], Erscheinungstag, Seitenangabe.

Beispiel: Katharina Zeiher: Engagement, Lückenfüller und Karrierebaustein. Das Freiwillige Ökologische Jahr 2009 hat begonnen / Gründe für den Einsatz sind vielfältig. In: Neues Deutschland, 14.09.09., S. 15.

d) Quellen aus dem Internet

Sie geben den konkreten Namen der betreffenden Internetseite an, auf der Sie den zitierten Text gefunden haben, unter Berücksichtigung des Datums.

Beispiel: Iris Radisch: Zeichen und Wunder. Gute Bücher bilden nicht nur Herz und Verstand: Sie machen auch glücklich. In: Die Zeit, Nr. 51, 2003, S. 1. **Online unter URL: http://www.zeit.de/2003/51/01__Leiter_2. Stand: 30.08.2010.**

e) Das Literaturverzeichnis

Bei längeren Texten erstellen Sie außerdem ein Literaturverzeichnis. Es enthält die vollständige Quellenangabe. Im Text selbst notieren Sie die Kurzform:

- hinter dem Zitat in Klammern steht (Autor (Erscheinungsjahr: Seite)) oder
- als Fußnote: Autor (Erscheinungsjahr: Seite).

Beispiel: Melissa Müller (2000:30)

Hinweis:

Achten Sie immer unbedingt auf eine einheitliche Interpunktion (Zeichensetzung) in Ihren Fußnoten und Quellenangaben. Einheitlichkeit ist hier oberstes Gebot!

1.2 ## In fünf Schritten einen Text verstehen

Schöner feiern

**Auf der Straße des 17. Juni gab es 2009 so viele Feste wie noch nie.
Die Party-Meile wird ausgebaut.**

Von Uwe Aulich

1 Geht es um Partys mit einem Millionenpublikum, dann ist die Straße des 17. Juni im
Großen Tiergarten der richtige Ort zum Feiern. In diesem Jahr gab es dort so viele
Veranstaltungen wie noch nie. Und obwohl Naturschützer und Verkehrsexperten
immer wieder Bedenken dagegen vorbringen, wird der Bezirk Mitte zusammen mit
5 dem Senat die Straße im kommenden Jahr umbauen und gleichzeitig so herrichten,
dass Großveranstaltungen rings um das Brandenburger Tor noch besser organisiert
werden können.

Wie Mittes Baustadtrat Epraim Gothe (SPD) sagt, wird der Abschnitt zwischen der
10 Yitzhak-Rabin-Straße und dem Brandenburger Tor neu gestaltet. Dabei wird die
Fahrbahn zwar jeweils um knapp fünf Meter verengt, die Gehwege an den Parkrändern
werden dafür aber breiter und neu gepflastert. „Wir bauen auch die technische Infrastruktur für Großveranstaltungen ein. Vor allem Elektro- und Wasseranschlüsse werden
verlegt", so Gothe. Weil die Anschlüsse im Boden verankert sind, werden es Party-Veran-
15 stalter leichter haben, Stände und Bühnen sowie Toilettencontainer anzuschließen. [...]
Auch die Stolpergefahr für die Besucher fällt weg, denn bisher waren Leitungen oft
quer über die Fahrbahn verlegt worden.

Auf der Straße des 17. Juni finden jedes Jahr mehr als ein Dutzend Großveranstal-
20 tungen statt – fest gebucht sind etwa die Silvesterparty, die Parade zum Christopher
Street Day im Juni, der Berlin-Marathon sowie das Fest der Deutschen Einheit am
3. Oktober. Wie Berlin-Werber von der Berlin Tourismus Marketing GmbH sagen,
lebe Berlin von den vielen Events. Und es sind die Bilder gerade vom Brandenburger
Tor, die noch mehr Touristen anlocken sollen.

25 Mit täglich mehr als 40000 Autos zählt die sechsspurige Straße des 17. Juni zu den
wichtigsten in der Innenstadt. Vor allem im Sommer und Herbst gab es aber kaum
einen Zeitraum, wo sie nicht für Partys und Feste gesperrt war. Anrainer am Pariser
Platz haben sich deshalb schon beim Senat beschwert. Zumal am Brandenburger
Tor jedes Jahr auch 30 bis 35 Demonstrationen stattfinden. [...]

30 Um jetzt die Party-Meile auszubauen, stehen mehr als zwei Millionen Euro zur
Verfügung. Gefördert wird der Umbau, der im September 2010 abgeschlossen sein
soll, von der Senatsverwaltung für Wirtschaft. Laut Harald Büttner vom Straßenamt
Mitte bleiben nach der Neugestaltung drei Fahrspuren je Richtung erhalten, am
Rand werden Parkbuchten für Autos gebaut und eine neue Baumreihe gepflanzt. [...]
35 Chefgartendenkmalpfleger Klaus von Krosigk sagt, mit der neuen Baumallee
würden die Ränder des Tiergartens wieder optisch zusammenrücken.

(aus: Berliner Zeitung, Nr. 285, 07.12.09, Seite 19)

1.2.1 Worauf Sie beim Lesen achten sollten

1 Die erste Frage heißt stets: Wer hat was wann geschrieben?
- Suchen Sie also den Autor und das Thema. Beides finden Sie in der Überschrift.
- Das Datum der Veröffentlichung finden Sie in der Quellenangabe.

Wer: *Uwe Aulich*

Was: *Schöner feiern. Auf der Straße des 17. Juni gab es 2009 so viele Feste wie noch nie. Die Party-Meile wird ausgebaut.*

Wo: Berliner Zeitung, Nr. 285, Seite 19

Wann: 07.12.2009

2 Jede Überschrift sollte neugierig machen und Erwartungen wecken. In der Überschrift befinden sich meist Schlüsselbegriffe oder Blickfänger (so genannte „eyecatcher"), die Lesespannung aufbauen sollen.
- Formulieren Sie mittels der Überschrift Fragen an den Text.
- Nutzen Sie dazu die Fragewörter: Wer, was, wann, wo, warum:

A) *Welche Feste werden auf der Straße des 17. Juni gefeiert?*

B) *Wann wird die Straße umgebaut?*

C) *Wie wird die Straße umgebaut?*

D) *Warum wird die Straße umgebaut?*

3 Jetzt wollen Sie sicher endlich wissen, was im Text alles steht? Dann lesen Sie ihn jetzt. Verwenden Sie dabei die verschiedenen **Lesetechniken** (siehe hierzu Seite 2):
- **a)** Paraphrasieren (umschreiben) Sie die Kerngedanken,
- **b)** segmentieren (unterteilen) Sie die gedankliche Struktur,
- **c)** markieren Sie die Textstellen, die Antworten auf Ihre Fragen geben, und
- **d)** exzerpieren (herausschreiben) Sie Zitierwürdiges.

4 Bleibt irgendetwas für Sie unverständlich? Dann lesen Sie die entsprechenden Textstellen noch einmal genau durch.
- Klären Sie unbekannte Begriffe.
- Stellen Sie inhaltliche Zusammenhänge zwischen den einzelnen Passagen des Textes her. Achten Sie auf die Logik des Gedankengangs: Welche Zusammenhänge zeigt der Autor auf beziehungsweise erläutert oder schildert er? Stellt er Behauptungen auf? Welche Gründe benennt er – und findet er hierzu passende Beispiele? Verfängt er sich vielleicht sogar in Widersprüchen?
- Fallen Ihnen am Text sprachliche Besonderheiten auf? Benutzt der Autor auffällig viele Wörter mehrfach? Stellt er Fragen? Vergleicht er irgendetwas miteinander? Sind besonders viele schwere Wortgruppen vorhanden? Beginnen mehrere Sätze mit demselben Wort?
- Überlegen Sie, welche Absicht der Text verfolgt.

5 Bis hierher haben Sie den Text „nur" bearbeitet. Sie müssen das Gesagte aber auch „festhalten", sonst vergessen Sie es wieder. Machen Sie sich also Notizen zum Gelesenen. Diese können ganz verschiedenartig sein:
- Notieren Sie in einem Satz, worum es in dem Text geht.
- Fassen Sie den Inhalt des Textes mit eigenen Worten zusammen.
- Beantworten Sie die eingangs aufgestellten Fragen.
- Häufig sollen Sie den Text unter einer ganz konkreten Aufgabenstellung lesen. Dann beantworten Sie diese jetzt.

Hinweis:

Manche Formulierung brauchen Sie sicher wortwörtlich: Exzerpieren Sie diese, achten Sie dabei auf die Zitierregeln (siehe hierzu Seite 6).

Beispiel:

Schöner feiern
Auf der Straße des 17. Juni gab es 2009 so viele Feste wie noch nie.
Die Party-Meile wird ausgebaut.

Von Uwe Aulich

1 Geht es um *Partys mit einem Millionenpublikum,* dann ist die Straße des 17. Juni im
Großen Tiergarten der richtige Ort zum Feiern. In diesem Jahr gab es dort so viele
Veranstaltungen wie noch nie. Und obwohl Naturschützer und Verkehrsexperten
immer wieder Bedenken dagegen vorbringen, wird der Bezirk Mitte zusammen mit

5 dem Senat die Straße im kommenden Jahr umbauen und gleichzeitig so herrichten,
dass *Großveranstaltungen* rings um das Brandenburger Tor *noch besser organisiert*
werden können.

> Segmentieren:
> Grund der Baumaß-
> nahme (3 b)

Wie Mittes Baustadtrat Epraim Gothe (SPD) sagt, wird der Abschnitt zwischen der

10 Yitzhak-Rabin-Straße und dem Brandenburger Tor neu gestaltet. Dabei wird die
*Fahrbahn zwar jeweils um knapp fünf Meter verengt, die Gehwege an den Parkrändern
werden dafür aber breiter und neu gepflastert. „Wir bauen auch die technische Infrastruktur für Großveranstaltungen ein. Vor allem Elektro- und Wasseranschlüsse werden
verlegt", so Gothe. Weil die Anschlüsse im Boden verankert sind, werden es Party-Veran-*

15 *stalter leichter haben, Stände und Bühnen sowie Toilettencontainer anzuschließen. [...]*
Auch die Stolpergefahr für die Besucher fällt weg, denn bisher waren Leitungen oft
quer über die Fahrbahn verlegt worden.

> = Antwort zu 2 C

> Segmentieren:
> Art der Baumaß-
> nahme (3 b)

Auf der Straße des 17. Juni finden jedes Jahr mehr als ein Dutzend Großveranstal-

20 tungen statt – fest gebucht sind etwa die Silvesterparty, die Parade *zum Christopher
Street Day im Juni, der Berlin-Marathon sowie das Fest der Deutschen Einheit am
3. Oktober.* Wie Berlin-Werber von der Berlin Tourismus Marketing GmbH sagen,
*lebe Berlin von den vielen Events. Und es sind die Bilder gerade vom Brandenburger
Tor, die noch mehr Touristen anlocken sollen.*

25

> Segmentieren:
> Beispiele für
> Partys (3 b)
> = Antwort zu 2 A

> 3 d) Als Zitat
> vormerken

Mit täglich mehr als 40 000 Autos zählt die sechsspurige Straße des 17. Juni zu den
wichtigsten in der Innenstadt. Vor allem im Sommer und Herbst gab es aber kaum
einen Zeitraum, wo sie nicht für Partys und Feste gesperrt war. Anrainer am Pariser
Platz haben sich deshalb schon beim Senat beschwert. Zumal am Brandenburger

30 Tor jedes Jahr auch 30 bis 35 Demonstrationen stattfinden. [...]

> Segmentieren:
> Beispiele für
> Partys (3 b)
> = Antwort zu 2 D

Um jetzt die Party-Meile auszubauen, stehen mehr als zwei Millionen Euro zur
Verfügung. Gefördert wird der Umbau, der im September 2010 abgeschlossen sein
soll, von der Senatsverwaltung für Wirtschaft. Laut Harald Büttner vom Straßenamt

35 Mitte bleiben nach der Neugestaltung drei Fahrspuren je Richtung erhalten, *am
Rand werden Parkbuchten für Autos gebaut und eine neue Baumreihe gepflanzt. [...]*
Chefgartendenkmalpfleger Klaus von Krosigk sagt, mit der neuen Baumallee
würden die Ränder des Tiergartens wieder optisch zusammenrücken.

> Segmentieren:
> Ende der Baumaß-
> nahmen
> = Antwort zu 2 B
> sowie weitere
> Baumaßnahmen

(aus: Berliner Zeitung, Nr. 285, 07.12.09, S. 19)

Konspekt (siehe Seite 4)
- Auf der Straße des 17. Juni werden häufig Feste gefeiert,
  z. B. zum Tag der deutschen Einheit
- Umbaumaßnahmen
- Datum der Fertigstellung: 2010

> Paraphrase der
> Kerngedanken
> = Antwort zu 3 a

1.2.2 Wie der eigene Text entsteht

1 Zuerst erschließen Sie die Aufgabenstellung. Was wollen bzw. sollen Sie eigentlich tun?

2 Danach sammeln und ordnen Sie das benötigte Material.

3 Schließlich schreiben Sie in vollständigen Sätzen Ihren Text.

4 Als letztes überarbeiten Sie Ihren Text: Stehen alle Gedanken an der richtigen Stelle? Sind alle Rechtschreibfehler beseitigt?

Aufgabe hier: Verfassen Sie für den Text von Seite 9 eine kurze Inhaltsangabe.

1 **Klären Sie die Aufgabenstellung:** Die Aufgabe verlangt, zu diesem kurzen Text, wie in Schritt 5 auf Seite 10 gefordert, eine knappe Inhaltsangabe anzufertigen. Dazu müssen Sie die Hauptgedanken des Textes zusammenfassen.

2 **Notieren Sie sich Stichworte (legen Sie eine Stoffsammlung an):**
a) Autor, Titel, Erscheinungsjahr und Thema des Textes
b) Zu jedem Absatz des Textes notieren Sie den Kerngedanken. Daraus ersehen Sie den gedanklichen roten Faden – bzw. die Antworten auf mögliche gestellte Fragen.
c) Überlegen Sie dann, welche Absicht der Verfasser verfolgt.

Beispiel:
(a) Uwe Aulich: Schöner feiern. Auf der Straße des 17. Juni gab es 2009 so viele Feste wie noch nie. Die Party-Meile wird ausgebaut. Berliner Zeitung
(b) inhaltlicher Überblick:
    - Straße des 17. Juni – Ort des Feierns: Beispiele
    - Was wird umgebaut?
    - Bis wann soll alles fertig sein?
(c) Absicht: Informieren über anstehende Baumaßnahmen sowie die Absperrung der Straße des 17. Juni

3 **Formulieren Sie jetzt Ihren Text:**

Beispiel:
In dem Artikel „Schöner feiern" von Uwe Aulich, abgedruckt am 07.12.2009 in der Berliner Zeitung, geht es um den Umbau der Straße des 17. Juni.
Diese Straße sei ein idealer Ort für Großveranstaltungen, z. B. die Parade zum Christopher Street Day im Juni, der Berlin-Marathon oder das Fest der Deutschen Einheit am 3. Oktober. Außerdem fänden jährlich 30 bis 35 Demonstrationen rund um das Brandenburger Tor statt. Um das Ganze zukünftig noch besser organisieren zu können, soll die Straße umgebaut werden. Die Fahrbahn werde um knapp fünf Meter verengt, die Gehwege an den Parkrändern dafür breiter und neu gepflastert. Außerdem würden laut Baustadtrat Epraim Gothe auch die technische Infrastruktur wie Elektro- und Wasseranschlüsse neu verlegt und damit die Stolpergefahr reduziert, da die Leitungen bisher oft quer über die Fahrbahn verlegt worden waren. Mehr als 2 Millionen Euro stünden dafür zur Verfügung. Bis September 2010 soll der Umbau abgeschlossen sein.

4 **Überarbeiten Sie den Text**
▪ Überprüfen Sie die Reihenfolge der Gedanken.
▪ Wird der rote Faden Ihres Gedankenganges sprachlich sichtbar?
▪ Sind alle Rechtschreibfehler ausgemerzt?

1.2.3 Beispiele für mögliche Formulierungen in Aufgabenstellungen

Nicht in jeder Situation fassen Sie nur den Inhalt des gelesenen Textes zusammen (siehe Punkt (1) auf der linken Seite). Häufig erhalten Sie konkrete Aufgaben, mit deren Hilfe Sie den vorgelegten Text bearbeiten sollen. Hier finden Sie deshalb einen Überblick über mögliche Aufgabenstellungen und Hinweise dazu, was Sie dabei zu tun haben:

Die Aufgabe...	... erfordert von Ihnen:
Ordnen Sie ein	Stellen Sie den Text in seinen Entstehungszusammenhang oder historischen Kontext bzw. platzieren Sie einen Textauszug in den Gesamtzusammenhang des Werkes.
Skizzieren Sie	Stellen Sie ein Persönlichkeitsbild dar, reduzieren Sie eine Handlung auf Grundlegendes, akzentuieren Sie.
Arbeiten Sie heraus	Benennen Sie Strukturen, Leitgedanken, Strategien unter bestimmten Aspekten.
Beschreiben Sie	Genaue sachliche Darstellung von Personen, Situationen, Vorgängen usw.
Stellen Sie dar	Nennen Sie Ursachen, Motive, Ziele usw. – genau auf vorgegebene Kriterien bezogen.
Zeigen Sie auf	Stellen Sie bestimmte Textinhalte sachbezogen sowie analytisch heraus.
Erläutern Sie	Veranschaulichen Sie einen Sachverhalt an einem (gegebenen) Beispiel.
Klären Sie	Verdeutlichen, ergründen Sie Verhaltensweisen, Positionen, Situationen.
Vergleichen Sie	Erarbeiten Sie Gemeinsamkeiten und Unterschiede, formulieren Sie gewichtend ein Ergebnis.
Begründen Sie	Leiten Sie Positionen, Auffassungen und/oder Urteile argumentativ her.
Gliedern Sie	Sortieren bzw. strukturieren Sie ein vorgegebenes Ganzes unter bestimmten Aspekten.
Kommentieren Sie	Erläutern und bewerten Sie einen Sachverhalt kritisch.
Prüfen Sie	Betrachten Sie eine Argumentation bzw. Auffassung auf Schlüssigkeit, Gültigkeit, Berechtigung.
Nehmen Sie Stellung	Positionieren Sie sich zu einer Fragestellung argumentativ, fazitorientiert und urteilend.
Erklären Sie	Stellen Sie einen Sachverhalt in einen Begründungszusammenhang.

Weiterführende und vertiefende Hinweise dazu, wie Sie eine Aufgabenstellung im Einzelnen zu verstehen haben und entsprechend umsetzen müssen, finden Sie auf Seite 28 unter Punkt (1).

Häufig verwendete sprachliche Mittel (I): Satzbau

Um bei einem Leser oder Zuhörer eine besondere Wirkung zu erzielen, werden von Autoren in der Regel gezielt besondere sprachliche Mittel eingesetzt. Bei diesen sprachlichen Mitteln handelt es sich um eine Verwendung von Sprache, die vom normalen, einfachen Sprachgebrauch mehr oder weniger abweicht – in gewisser Weise also auffällig und dadurch wirkungsvoll ist. Durch eine solche Sprachverwendung kann dann beispielsweise die Anschaulichkeit verbessert oder die Eindringlichkeit eines Textes bzw. einer Rede erhöht werden.

Da die Zahl der sprachlichen Mittel sehr umfangreich ist und ihre Zuordnung zu bestimmten Gruppen nicht immer eindeutig festgelegt werden kann, wird hier nur eine kleine Auswahl dargestellt. Diese Auswahl wird hier auf dieser Seite dem Merkmal *Satzbau* – und auf Seite 26 dem Merkmal *Stil* zugeordnet.

Inversion	Die Satzstruktur weicht von der Subjekt-Prädikat-Objekt-Struktur ab. Zweck: Betont das umgestellte Satzglied
Beispiel: *Nach Tirol fährt er.*	
Parenthese	Ein Gedanke wird eingeschoben. Zweck: Betont die Zusatzinformation
Beispiel: *Fred Pelzer – er war der eigentliche Entdecker – wurde nie erwähnt.*	
Ellipse	Mehrere Satzglieder werden ausgelassen, ohne den Sinn zu verändern. Zweck: Lenkt die Aufmerksamkeit auf den pragmatischen Aspekt.
Beispiel: *„Was jetzt?"* statt: *„Was sollen wir jetzt machen?"*	
Anapher	Das selbe Wort oder die selbe Wortgruppe wird am Anfang eines Satzes oder Absatzes wiederholt. Zweck: Betont etwas, gliedert den Text rhythmisch.
Beispiel: *Wir wollen feiern, wir wollen tanzen und wir wollen Spaß haben.*	
Parallelismus	Die Struktur eines Satzes wird in mehreren aufeinanderfolgenden Sätzen wiederholt. Zweck: Zeigt zusammenhängende Gedanken, erzeugt Eingängigkeit.
Beispiel: *Wir haben gefeiert, wir haben getanzt, aber wir haben nicht getrunken.*	
Fragesatz	Zweck: Hörer bzw. Leser fühlt sich angesprochen. Hinweis auf innere Struktur des Textes.
Beispiel: *Warum wurde die von allen gewünschte Abschlussparty abgesagt?*	
Rhetorische Frage	Zweck: Soll Hörer bzw. Leser suggestiv ansprechen (d.h. Zustimmung oder Ablehnung erzeugen).
Beispiel: *Haben wir uns nicht bereits genug für die Abschlussparty eingesetzt?*	

1.3   **Etwas überzeugend darlegen – Argumentationstechniken**

Das perfekte Fleisch?

Produkte der Nachfahren geklonter Tiere sind in Europa noch nicht zugelassen. Kritiker fordern Kennzeichnung.

Von Corinna Hohlwein

1   In den USA und Kanada kann der Verbraucher schon seit 2008 Milch sowie geklontes Geflügel-, Schweine- oder Rindfleisch im Supermarkt kaufen. Der Import der Produkte nach Europa war bisher noch nicht geregelt. Doch im Juni beschlossen die 27 Agrarminister der EU, den Weg für den Verkauf von Fleisch und Milch von
5   geklonten Tieren unter strengen Auflagen zu ebnen. ...
Die Methode des Klonens ist mit 15000 bis 30000 Dollar pro Klontier [...] viel zu teuer. [...] Klonen ist die ungeschlechtliche Vermehrung von Tieren. Um eine genetische Kopie eines Tieres zu erzeugen, wird ihm eine Körperzelle entnommen und der Zellkern daraus isoliert. Anschließend wird dieser mit einer Pipette in die entkernte
10   Eizelle eines weiblichen Tieres gepflanzt. Durch eine künstliche Aktivierung teilt sich die „Patchwork-Zelle" und eine Blastozyste entsteht. Dieses Frühstadium eines Embryos wird in ein Ersatzmuttertier eingesetzt. Das bekannteste Säugetier, das auf diese Weise 1996 geklont wurde, war das Schaf Dolly. Weltweit – so wird geschätzt – existieren bereits 400 bis 600 geklonte Schafe und 4000 Rinder. In Deutschland
15   hat bislang übrigens noch kein Zuchtbetrieb Interesse an der Produktion von Klonfleisch signalisiert.
Wozu brauchen wir überhaupt Fleisch von geklonten Tieren? Der Vorteil könnte sein, dass sich besonders wohlschmeckende Tiere als Standards durchsetzen und sehr häufig reproduziert werden können. „Vor allem die Erschaffung von transgenen
20   Tieren bietet attraktives Potenzial für die Fleischproduktion", sagt Heiner Niemann, Experte auf dem Gebiet der experimentellen Klonierung und Leiter des Instituts für Nutztiergenetik in Neustadt. Bei dieser Methode schleusen Wissenschaftler artfremde Gene in die Erbanlagen von Tieren ein, um bestimmte Eigenschaften in ihnen zu erzielen. Zum Beispiel das Gen von Spinat in Schweinen. Es ist für die Entstehung
25   eines Enzyms zuständig, das gesättigte Fettsäuren in ungesättigte umwandelt. Somit würde der Verzehr des Schweinefleisches gesünder für den Menschen: Die Tiere enthielten 20 Prozent weniger gesättigte Fettsäuren.
Das Klonieren oder Klonen birgt gesundheitliche Risiken für das Embryo und das Muttertier. Laut Greenpeace überlebte nur jedes hundertste dieser in Japan ma-
30   nipulierten Ferkel. Denn die Gebärmutter des Muttertieres reagiert auf ein durch Klonen gezeugtes Embryo anders als auf ein natürlich gezeugtes. „Leihmütter und Klontiere leiden insbesondere an Missbildungen, Immunschwäche und Kaiserschnitten. Letztere werden häufig wegen Übergröße des Fötus durchgeführt," sagt Eve-Marie Engels, Professorin für Ethik in den Biowissenschaften an der Universität
35   Tübingen. Die Wissenschaftlerin hegt neben tierethischen auch sozialethische Bedenken gegen das Verfahren.
Die EU-Behörde für Lebensmittelsicherheit (Efsa) hat keine Unterschiede zu normalem Fleisch entdeckt. Nach gegenwärtigem Erkenntnisstand macht Fleisch von geklonten Tieren nicht kränker als das von herkömmlich erzeugten. [...]
40   Vor allem gilt: Klonfleisch darf den Verbrauchern nicht untergejubelt werden. Jeder Konsument hat das Recht, Fleisch oder Produkte von geklonten Tieren abzulehnen – egal aus welchen Gründen. Daher fordern Kritiker [eine klare Kennzeichnung derartiger Produkte].

(aus: Berliner Zeitung. Blickpunkt. Nr. 275, Mi 25.11.2009)

1.3.1 Grundlagen des Argumentierens

Als **Argument** bezeichnet man eine Aussage für die Begründung oder Widerlegung einer Behauptung (These). Eine Argumentation ist die zusammenhängende Darlegung von einzelnen Argumenten.

Anlässe

Anlässe für oder gegen etwas zu argumentieren gibt es viele, z.B.: *Sollten Jugendliche allgemein weniger Taschengeld erhalten? Müssen Handys im Unterricht benutzt werden dürfen? Sind Markenklamotten wichtig?* Oder auch: *Rauchen vor dem Schulhof – oder doch besser nicht?* Das sind alles Fragen, die beantwortet sein wollen – und zwar durch eine sachliche Auseinandersetzung mit dem jeweiligen Thema.

Das Argument und seine Bausteine

Jede Argumentation besteht aus einzelnen Argumenten. Ein einzelnes Argument wiederum besteht mindestens aus den Teilen 1 bis 3:

| **1** Anlass und Thema | **2** Behauptung/These *Dass...* | **3** Begründung *Weil...* | **4** Beispiel *z.B. ...* | **5** Folge/Fazit *Deshalb...* |

Wollen Sie Ihre eigene Meinung äußern, können Sie ein einzelnes Argument in einem Fünf-Satz unterbringen:

1	Der 1. Satz nennt **Anlass und Thema,**	*Ist es sinnvoll, Computerspiele zu spielen?*
2	der 2. Satz die **Behauptung,**	*Aus einigen Studien wissen wir, dass Kinder durch Computerspiele angeregt werden, vernetztes Denken zu lernen.*
3	der 3. Satz die **Begründung,**	*Bei PC-Spielen muss man oft auf verschiedenen Ebenen navigieren, auf neue Herausforderungen reagieren und vorausdenken.*
4	der 4. Satz ein **Beispiel,**	*Einige Kinder klicken einfach wild drauflos, andere gehen strategisch vor.*
5	der 5. Satz das **Fazit.**	*Wer systematisch an so ein Spiel rangeht, kann schon etwas lernen.*

Art der Argumente

Je nach Kontext bzw. Situation kann vieles als Argument verwendet werden: Zitate, Normen, Expertenwissen usw. Entsprechend lassen sich bestimmte Argumentarten unterscheiden:

Art des Arguments	Beispiel	Wirkung
Faktenargument	*90 % des aufgenommenen Alkohols baut die Leber ab, dadurch entstehen Leberschäden.*	Konkrete Daten überzeugen bei Sachfragen.
Normatives Argument	*Das Rauchverbot in der Öffentlichkeit gilt schon seit Jahren.*	Ein Gewohnheitsrecht wird zitiert.
Autoritätsargument	*Das hat schon XY gesagt.*	Ein großer Name erzeugt positives Gewicht.
Analogisierbares Argument	*So wie im Unterricht eingeübt, sollen Sie das auch in der Klausur machen.*	Ein weiteres Beispiel schafft Verständlichkeit.

Beispiel einer Argumentation

Das perfekte Fleisch?

Produkte der Nachfahren geklonter Tiere sind in Europa noch nicht zugelassen. Kritiker fordern Kennzeichnung.

Von Corinna Hohlwein

1   In den USA und Kanada kann der Verbraucher schon seit 2008 Milch sowie geklontes Geflügel-, Schweine- oder Rindfleisch im Supermarkt kaufen. Der Import der Produkte nach Europa war bisher noch nicht geregelt. Doch im Juni beschlossen die 27 Agrarminister der EU, den Weg für den Verkauf von Fleisch und Milch von
5   geklonten Tieren unter strengen Auflagen zu ebnen. ...

> **Anlass**

Die Methode des Klonens ist mit 15000 bis 30000 Dollar pro Klontier ... viel zu teuer. ... Klonen ist die ungeschlechtliche Vermehrung von Tieren. Um eine genetische Kopie eines Tieres zu erzeugen, wird ihm eine Körperzelle entnommen und der Zellkern daraus isoliert. Anschließend wird dieser mit einer Pipette in die entkernte
10   Eizelle eines weiblichen Tieres gepflanzt. Durch eine künstliche Aktivierung teilt sich die „Patchwork-Zelle" und eine Blastozyste entsteht. Dieses Frühstadium eines Embryos wird in ein Ersatzmuttertier eingesetzt. Das bekannteste Säugetier, das auf diese Weise 1996 geklont wurde, war das Schaf Dolly. Weltweit – so wird geschätzt – existieren bereits 400 bis 600 geklonte Schafe und 4000 Rinder. In Deutschland
15   hat bislang übrigens noch kein Zuchtbetrieb Interesse an der Produktion von Klonfleisch signalisiert.

> **Fakt,**
> **Begriffsklärung**

> **Beispiel**

Wozu brauchen wir überhaupt Fleisch von geklonten Tieren? Der Vorteil könnte sein, dass sich besonders wohlschmeckende Tiere als Standards durchsetzen und sehr häufig reproduziert werden können. „Vor allem die Erschaffung von transgenen
20   Tieren bietet *attraktives Potenzial für die Fleischproduktion*", sagt Heiner Niemann, Experte auf dem Gebiet der experimentellen Klonierung und Leiter des Instituts für Nutztiergenetik in Neustadt. Bei dieser Methode schleusen Wissenschaftler artfremde Gene in die Erbanlagen von Tieren ein, um bestimmte Eigenschaften in ihnen zu erzielen. Zum Beispiel das Gen von Spinat in Schweinen. Es ist für die Entstehung
25   eines Enzyms zuständig, das gesättigte Fettsäuren in ungesättigte umwandelt. Somit würde der Verzehr des Schweinefleisches gesünder für den Menschen: Die Tiere enthielten 20 Prozent weniger gesättigte Fettsäuren.

> **Argument**
> **Beispiel**
> **Autorität**
> **Folge**

Das Klonieren oder Klonen birgt gesundheitliche Risiken für das Embryo und das Muttertier. Laut Greenpeace überlebte nur jedes hundertste dieser in Japan ma-
30   nipulierten Ferkel. Denn die Gebärmutter des Muttertieres reagiert auf ein durch Klonen gezeugtes Embryo anders als auf ein natürlich gezeugtes. „Leihmütter und Klontiere leiden insbesondere an Missbildungen, Immunschwäche und Kaiserschnitten. Letztere werden häufig wegen Übergröße des Fötus durchgeführt," sagt Eve-Marie Engels, Professorin für Ethik in den Biowissenschaften an der Universität
35   Tübingen. Die Wissenschaftlerin hegt neben tierethischen auch sozialethische Bedenken gegen das Verfahren.

> **Gegenargument**
> **Autorität**
> **Beispiel**

Die EU-Behörde für Lebensmittelsicherheit (Efsa) hat keine Unterschiede zu normalem Fleisch entdeckt. Nach gegenwärtigem Erkenntnisstand macht Fleisch von geklonten Tieren nicht kränker als das von herkömmlich erzeugten. ...
40   Vor allem gilt: Klonfleisch darf den Verbrauchern nicht untergejubelt werden. Jeder Konsument hat das Recht, Fleisch oder Produkte von geklonten Tieren abzulehnen – egal aus welchen Gründen. Daher fordern Kritiker [eine klare Kennzeichnung derartiger Produkte].

> **Folgerung**

Argumentationsketten

Sobald Sie mehrere Argumente miteinander verbinden, entsteht eine Argumentationskette. Sortieren Sie die Argumente stets nach ihrem Gewicht: Das wichtigste und ausschlaggebende Argument kommt immer zum Schluss.

a) Lineare Argumentationskette: beweisend

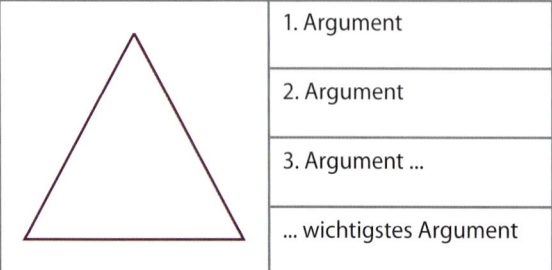

	1. Argument
	2. Argument
	3. Argument ...
	... wichtigstes Argument

Bei diesem Vorgehen beweisen Sie etwas.

b) Dialektische Argumentationskette: diskutierend

Wenn Sie dialektisch abwägen, verwenden Sie zwei Pyramiden: die eine pro, die andere kontra. Die eine **startet** mit dem wichtigsten Argument, die andere **endet** mit dem wichtigsten Argument.

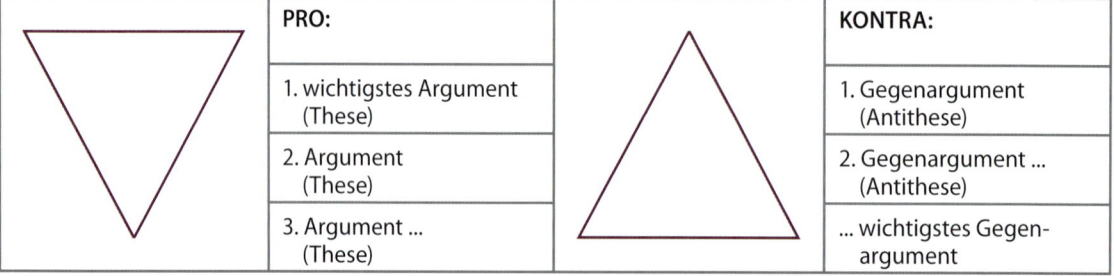

	PRO:		KONTRA:
	1. wichtigstes Argument (These)		1. Gegenargument (Antithese)
	2. Argument (These)		2. Gegenargument ... (Antithese)
	3. Argument ... (These)		... wichtigstes Gegenargument

c) Sprachliche Mittel für Argumentationsketten

Wendungen für Reihungen	Wendungen für die Steigerung	Wendungen für den Kontrast
Weiterhin, außerdem, ferner, zusätzlich, noch ein, noch ein weiteres, darüber hinaus, ebenso	Zunächst steht außer Frage, noch aussagekräftiger ist die Tatsache, ein zentraler Gesichtspunkt hierbei ist Noch bedeutender/ größer / gewichtiger, weitaus schwieriger, schwerer wiegt, bedenklicher ist, klarer erkennbar ist folgendes, überzeugender scheint mir	◾ Während bisher – kommen wir nun / War bisher die Rede von –soll jetzt... ◾ Es gibt noch ganz andere Gesichtspunkte ◾ Konträre Vorstellungen hat ◾ Ganz anders argumentiert ◾ Im Gegensatz dazu ◾ Auf der anderen Seite ◾ Dagegen ließe sich einwenden ◾ Trotz der dargelegten Gründe

Hinweis:

Argumentiert wird gern in Leserbriefen, Kommentaren, Glossen, auch Interviews sowie in Feuilletons bei der Wiedergabe von Diskussionsrunden. Auch der Essay lebt von vorgetragenen Argumenten.

Aufsatzform Erörterung – linear oder dialektisch?

In einer Erörterung soll ein eigener Standpunkt zu einer Fragestellung gefunden und mit Argumenten begründet werden. Die Argumente können **beweisend** (linear) oder **diskutierend** (dialektisch) angeführt werden.

Wollen Sie ein Problem diskutierend abwägen, stehen Ihnen zwei Wege offen: das Prinzip der Sanduhr und das Pingpong-Prinzip.

Sanduhr-Prinzip	Pingpong-Prinzip
Die Argumente werden im Block vorgetragen: Sie benennen erst die Argumente der Gegenseite, bevor Sie die Argumente Ihrer Seite anführen. Positionieren Sie sich beispielsweise zur Fragestellung als Nichtraucher gegen das Rauchen, müssen Sie also zuerst alle Argumente für das Rauchen auflisten, bevor Sie die Argumente dagegen anführen.	Sie bringen die Argumente immer im Wechsel in die Runde, nach dem Schema *einerseits – andererseits*. Formulieren Sie also erst ein Argument und dann das entsprechende Gegenargument.
Wie sinnvoll ist ein öffentliches Rauchverbot?	*Sollten Jugendliche einen eigenen Fernseher besitzen?*

Formulierungen in der Themenstellung verweisen auf die jeweilige Aufsatzform:

Thema	Beweis	Diskussion
Der Jugend von heute geht es viel besser als früheren Generationen.	X	
Esoterik – Modeerscheinung oder Bedürfnis?		X
Zensuren für Lehrer!	X	X
Warum Kinder und Jugendliche viel lesen sollten.	X	

> **Hinweis:**
> Formulierungen wie *„Inwiefern …"*, *„Nehmen Sie kritisch Stellung…"*, *„Diskutieren Sie …"*, *„Setzen Sie sich mit dieser Fragestellung auseinander!"* erzwingen die dialektische Erörterung.

Gliederung einer Erörterung

Jede Erörterung untergliedert sich in drei Teile:

1 Sie benennen einen konkreten Anlass, Ihr Thema sowie die Problemstellung und erklären, wie Sie vorgehen werden: beweisend (linear) oder diskutierend (dialektisch).

2 Sie sortieren Ihre Argumente nach dem linearen oder dialektischen Muster.

3 Sie fassen Ihre Ergebnisse zusammen. Dabei greifen Sie das jeweils wichtigste Argument aus dem Hauptteil noch einmal auf.

	Linear (Beweisend)	Dialektisch (diskutierend)
Freie Erörterung: ohne Textvorlage ein Thema argumentierend bearbeiten (siehe auch Seite 52).	Zeigen Sie, dass Alkohol ein weitverbreitetes Suchtmittel ist.	Erörtern Sie, inwieweit Medienkonsum zur Verdummung führt.
Gebundene Erörterung: die Argumentation auf einem vorgegebenen Text aufbauen (siehe auch Seite 55).	Analysieren Sie den vorliegenden Text und setzen Sie sich mit den Kerngedanken argumentativ auseinander.	
Literarische Erörterung: eine Problemstellung, die in einem literarischen Text auftritt, diskutieren (siehe auch Seite 62).		[...] Setzen Sie sich mit dieser Aussage des Schriftstellers Arno Schmidt (1914–1979) auseinander.

1.3.3 **Die freie Erörterung – Beispielaufsätze**

■ lineare Erörterung – Schüleraufsatz

Rauchverbot in der Gastronomie

1 Das Thema „Rauchverbot in der Gastronomie" ist meiner Meinung nach ein sehr interessantes Thema, da hier viele Meinungen aufeinanderprallen. Da ich als angehender Gastronom ein absoluter Nichtraucher bin, empfinde ich einen höheren Bezug zu den <u>negativen</u> Aspekten.

2 Bezug nehmend auf die Gastronomie fällt mir sofort das <u>Personal</u> ein. Wenn man in einem Restaurant arbeitet, trifft man oft auf Raucher. Sie riechen übel und <u>atmen den Rauch meist unbewusst zum Kellner</u>, der sich ihnen freundlich widmet. Durch die tägliche Arbeit mit Rauchern fangen einem oft die <u>Augen</u> an zu tränen und die <u>Atemwege zu kratzen</u>. Meistens kommen auch noch Kopfschmerzen und Übelkeit hinzu.

Weiterhin kann ich aus eigener Erfahrung sagen, dass auf <u>schwangere Kellnerinnen</u> selten Rücksicht genommen wird. Hierbei wird nicht nur die Mutter, sondern auch das Ungeborene angegriffen.

Zusätzlich besteht die <u>Gefahr</u>, sich als <u>Passivraucher Krebs zuzuziehen</u>.

3 Das <u>Rauchverbot schützt</u> also die Angestellten vor eben diesen Krankheiten. Wir werden weniger belastet und der Natur wird es genauso gehen. Der Tabak und die ganzen Inhaltsstoffe fließen nicht mehr ins Grundwasser, kurz getragene Sachen müssen nur noch kurzfristig gelüftet und nicht gleich wieder gewaschen werden. Die Waschmittel werden demzufolge auch eingespart. Weiterhin sieht ein gelüftetes sauberes, rauchfreies Restaurant einfach ansprechender aus.

Deshalb begrüße ich das Rauchverbot, sowohl aus gesundheitlichen als auch hygienischen Gründen.

1
- ■ Thema
- ■ Anlass
- ■ Vorgehen: linear; Argumente für das Rauchverbot

2
1. Argument: Verhalten der Raucher
2. Argument: Folgen für die Gesundheit des Personals
3. Argument: Folgen für schwangere Kolleginnen
4. Argument: Folgen für die Gesundheit

3

Zusammenfassung: Positive Bewertung des Rauchverbots, Argument Gesundheit

Fazit

■ dialektische Erörterung – Schüleraufsatz

Führt Medienkonsum zur Verdummung?

1 Immer mehr Jugendliche verbringen ihren Nachmittag vor dem Fernseher oder dem Computer und vernachlässigen dadurch die Schule. Deshalb stellt sich die Frage: Führt Medienkonsum zur Verdummung?

1 ■ Thema
■ Anlass
■ Vorgehen: dialektisch, im Sanduhr-Prinzip

KONTRA (–)

Auf der einen Seite machen Computerspiele gewalttätig, weil man selbst andere Menschen töten muss und der Sinn der Spiele auch darin besteht, möglichst viele Personen zu ermorden. Außerdem verbringt man zu viel Zeit vor dem Computer und kommt somit nicht an die frische Luft, die wichtig ist, um denken zu können. Viele Jugendliche finden es beispielsweise cooler, Computerspiele zu spielen anstatt sich draußen aufzuhalten. Ein wichtiger Aspekt ist auch, dass man vom Wesentlichen abgelenkt wird, weil in Zeitungen oft nebensächliche Informationen geschildert werden oder im Radio immer öfter unwichtige Dinge geschehen. Zum Beispiel werden im Radio häufig Gewinnspiele durchgeführt. Auch Internetspiele fördern die Verdummung, weil bei ihnen manchmal kein Sinn festzustellen ist. Es gibt zum Beispiel Spiele, bei denen man sinnlos Luftballons oder ähnliches abschießen muss.

2 a)

Argumente gegen den Medienkonsum (Kontra).
1. Argument:
2. Argument
3. Argument
4. Argument

2

PRO (+)

Auf der anderen Seite fördern einige Computerspiele das Reaktionsvermögen und das logische Denken, weil man schnell reagieren muss oder sich sehr konzentrieren muss, um die gestellte Aufgabe zu lösen. Durch Medien wird man über die aktuellsten Geschehnisse der Welt informiert, da viele wichtige Informationen in der Zeitung, im Radio oder im Fernsehen geschildert werden, wie zum Beispiel in den Nachrichten, die man sich täglich anhören bzw. ansehen kann. Ein nicht zu vergessender Aspekt ist auch, dass Medien zum Nachdenken anregen. Es gibt viele Sendungen im Fernsehen, bei denen man verschiedene Fragen beantworten muss. Zum Beispiel gibt es die Sendung „Wer wird Millionär", bei der man durch das Beantworten schwieriger Fragen Geld bekommen kann. Medien fördern die Kommunikation, weil man anderen Menschen interessante und wichtige Themen und deren Inhalt erzählt und somit seine Sprache verbessert.

2 b)

Argumente für den Medienkonsum (Pro).
1. Argument:
2. Argument
3. Argument
4. Argument

3 Obwohl mögliche negative Auswirkungen des Medienkonsums nicht von der Hand gewiesen werden können, lässt sich insgesamt festhalten, dass Medien der Bildung dienen und bei der eigenen Sprachentwicklung helfen.
Alles in allem finde ich daher, dass Medienkonsum nicht zur Verdummung führt, sofern man sich mit den richtigen Medien auseinandersetzt und dieses auch in einem angebrachten Maß tut.

3

abwägende Synthese

Fazit

1.4 Die Technik des Vergleichs

Text 1

Goethe: Faust: Der Tragödie Erster Teil.

1 *NACHT. In einem hochgewölbten engen gotischen Zimmer*
Faust unruhig auf seinem Sessel am Pulte

FAUST: Habe nun, ach! Philosophie,
5 Juristerei und Medizin,
Und leider auch Theologie!
Durchaus studiert, mit heißem Bemühn.
Da steh ich nun, ich armer Tor!
Und bin so klug als wie zuvor;
10 Heiße Magister, heiße Doktor gar
Und ziehe schon an die zehen Jahr,
Heraus, herab und quer und krumm
Meine Schüler an der Nase herum –
Und sehe, dass wir nichts wissen können!
15 Das will mir schier das Herz verbrennen.
Zwar bin ich gescheiter als alle die Laffen,
Doktoren, Magister, Schreiber und Pfaffen;
Mich plagen keine Skrupel noch Zweifel,
Fürchte mich weder vor Hölle noch Teufel –
20 Dafür ist mir auch alle Freud entrissen,
Bilde mir nicht ein, was Rechts zu wissen,
Bilde mir nicht ein, ich könnte was lehren,
Die Menschen zu bessern und zu bekehren.
Auch hab ich weder Gut noch Geld,
25 Noch Ehr und Herrlichkeit der Welt;
Es möchte kein Hund so länger leben!
Drum hab ich mich der Magie ergeben,
Ob mir durch Geistes Kraft und Mund
Nicht manch Geheimnis würde kund;
30 Dass ich nicht mehr, mit saurem Schweiß,
Zu sagen brauche, was ich nicht weiß;
Dass ich erkenne, was die Welt
Im Innersten zusammenhält,
Schau alle Wirkenskraft und Samen
35 Und tu nicht mehr in Worten kramen.

(aus: J.W. Goethe. Faust. Urfaust. Bibliothek der Weltliteratur. Aufbau Verlag, Berlin und Weimar
1986, Seite 79)

Text 2

Bertolt Brecht: Leben des Galilei

1 *GALILEI akademisch, die Hände über dem Bauch gefaltet:*

In meinen freien Stunden, deren ich viele habe, bin ich meinen Fall durchgegangen und habe darüber nachgedacht, wie die Welt der Wissenschaft, zu der ich mich selber nicht mehr zähle,

5 ihn zu beurteilen haben wird. Selbst ein Wollhändler muss, außer billig einkaufen und teuer verkaufen, auch noch darum besorgt sein, dass der Handel mit Wolle unbehindert vor sich gehen kann. Der Verfolg der Wissenschaft scheint mir diesbezüglich besondere Tapferkeit zu erheischen. Sie handelt mit Wissen, gewonnen durch Zweifel. Wissen verschaffend über alles für alle, trachtet sie, Zweifler zu machen aus allen. Nun wird der Großteil der Bevölkerung von

10 ihren Fürsten, Grundbesitzern und Geistlichen in einem perlmutternen Dunst von Aberglauben und alten Wörtern gehalten, welcher die Machinationen dieser Leute verdeckt. Das Elend der vielen ist alt wie das Gebirge und wird von Kanzel und Katheder herab für unzerstörbar erklärt […]

15 Aber können wir uns der Menge verweigern und doch Wissenschaftler bleiben? Die Bewegung der Himmelskörper ist übersichtlicher geworden; immer noch unberechenbar sind den Völkern die Bewegungen ihrer Herrscher. […]

Eine Menschheit, stolpernd in diesem tausendjährigen Perlmutterdunst von Aberglauben

20 und alten Wörtern, zu unwissend, ihre eigenen Kräfte voll zu entfalten, wird nicht fähig sein, die Kräfte der Natur zu entfalten, die ihr enthüllt. Wofür arbeitet ihr? Ich halte dafür, dass das einzige Ziel der Wissenschaft darin besteht, die Mühseligkeit der menschlichen Existenz zu erleichtern. Wenn Wissenschaftler, eingeschüchtert durch selbstsüchtige Machthaber, sich damit begnügen, Wissen um des Wissens willen aufzuhäufen, kann die Wissenschaft zum

25 Krüppel gemacht werden … Ihr mögt mit der Zeit alles entdecken, was es zu entdecken gibt, und euer Fortschritt wird doch nur ein Fortschritt von der Menschheit weg sein. […]

Hätte ich widerstanden, hätten die Naturwissenschaftler etwas wie den hippokratischen Eid der Ärzte entwickeln können, das Gelöbnis, ihr Wissen einzig zum Wohle der Menschheit

30 anzuwenden! Wie es nun steht, ist das Höchste, was man erhoffen kann, ein Geschlecht erfinderischer Zwerge, die für alles gemietet werden können. Ich habe zudem die Überzeugung gewonnen, Sarti, dass ich niemals in wirklicher Gefahr schwebte. Einige Jahre lang war ich ebenso stark wie die Obrigkeit. Und ich überlieferte mein Wissen den Machthabern, es zu gebrauchen, es nicht zu gebrauchen, es zu missbrauchen, ganz, wie es ihren Zwecken diente.

35 … Ich habe meinen Beruf verraten. Ein Mensch, der das tut, was ich getan habe, kann in den Reihen der Wissenschaftler nicht geduldet werden.

(aus: Bertolt Brecht: Leben des Galilei. Berlin. Suhrkamp Verlag. 1998, Seite 124 f.)

Wie ein Vergleich entsteht

Grundsätzlich können Sie natürlich alles und jedes miteinander vergleichen.
Im Abitur allerdings werden oft Gedichte zum Vergleich herangezogen. Häufig sollen auch literarische Figuren oder die Konfliktentwicklung bzw. der Beginn eines Dramas miteinander verglichen werden. Ebenso kann ein Vergleich der Motive beispielsweise literarischer Figuren gefordert sein. Bei Sachtexten hingegen geht es häufig um den Textvergleich zu einem identischen Thema.

Voraussetzung ist, dass das, was zwischen zwei Texten miteinander verglichen werden soll, genügend Möglichkeiten bzw. Ebenen zum Vergleichen aufweist. Was letztendlich miteinander verglichen werden soll, legt die gestellte Aufgabe fest. Wenn Sie dann vergleichen, suchen Sie alle Gemeinsamkeiten wie auch alle unterscheidenden Merkmale heraus.

Und so gehen Sie vor:

1 Zuerst analysieren Sie den ersten der miteinander zu vergleichenden Texte.

2 Danach analysieren Sie den zweiten Text.

3 Schließlich legen Sie eine Tabelle an, in die Sie einerseits die zu erkennenden Gemeinsamkeiten und andererseits die zu erkennenden Unterschiede eintragen.

4 Zu guter Letzt fassen Sie Ihre Erkenntnisse in einem Text zusammen.

1 Bestimmen Sie für Text 1 (auf Seite 22) **Autor, Titel, Thema, inhaltliche Struktur und auffällige sprachliche Wendungen.**

Beispiel:

■ Goethe (1749–1832): Faust. Eingangsmonolog
■ Existenzkrise des Philosophen: Faust hat viel studiert, das nützt ihm aber nichts, weil er daraus auch nicht des Rätsels Lösung finden kann. Er ist traurig, verzweifelt, resigniert, weil er die Menschen – im Sinne von mehr Bildung – nicht bessern und bekehren kann.
■ Unterrichtet Studenten, weiß aber, dass keiner alles wissen kann.
■ Sein Ziel: Zu erkennen, was die Welt im Innersten zusammenhält.
■ Bisheriges Studium der Worte, nun durch Hilfe von Magie den Geist und durch Erleben die Welt erkennen. Geschrieben in Versen.

2 Bestimmen Sie für Text 2 (auf Seite 23) **Autor, Titel, Thema, inhaltliche Struktur und auffällige sprachliche Wendungen.**

Beispiel:

■ Brecht (1898–1956): Galilei. Abschlussmonolog nach seinem Widerruf vor der Inquisition.
■ Fragt nach der Verantwortung, die der einzelne Wissenschaftler gegenüber seinen Forschungsergebnissen hat, sowie nach dem Ziel von Wissenschaft.
■ Galilei ist der Meinung, dass Wissenschaft zur Erleichterung der Lebensabläufe, also dem Interesse der einfachen Menschen dient (dafür sollte hippokratischer Eid entwickelt werden). Sein Verhalten entspricht dem Gegenteil: sich der Willkür der Mächtigen und deren Interesse an seinem Wissen auszuliefern.
■ Er ist pessimistisch, weil zwar Gesetze in der Naturwissenschaft erkannt werden, aber die Menschen dennoch die Gesetzmäßigkeiten der Politik nicht begreifen und von Politikern eingelullt werden.
■ Sieht sich als Symbolfigur im Streit mit der Politik: Sein Rückzug im Interesse der Politiker bedeutet eine Niederlage.

3 **Legen Sie eine Tabelle an**, notieren Sie darin in Stichworten Gemeinsamkeiten und Unterschiede. Achten Sie dabei aber immer auf die genaue Aufgabenstellung, sie enthält Hinweise zu den Ebenen des Vergleichs.

Gemeinsamkeiten	Faust	Galilei
Literarische Figur	Gelehrter	Gelehrter
Zeit der Handlung	Zeitalter des Humanismus	Zeitalter des Humanismus
Sinn von Studium	Menschen bekehren	Menschen bilden, schlauer machen
Art der Rede: Monolog	Reflexion der erbrachten wissenschaftlichen Leistung	kritische Betrachtung der Umsetzung wissenschaftlicher Erkenntnisse
Unterschiede		
Entstehungszeit	18. / 19. Jahrhundert	20. Jahrhundert
Gestaltung der Figuren	pessimistisch	enttäuscht
Stellung der Figurenrede im Werk	Eingangsmonolog	Schlussmonolog
	Geisteswissenschaftler	Naturwissenschaftler
	Gelehrt durch das Studium des Wortes	Gelehrt durch Beobachten, sehend durch Zweifel
Selbsterkenntnis	Neuerlicher Versuch über Magie	Rückzug aus Wissenschaft, Selbstverurteilung

4 **Formulieren Sie aus Ihren Analyseergebnissen einen Text.**
- Einleitend: Gegenstand und Ziel des Vergleichs.
- Im Hauptteil: Ergebnisse benennen.
- Im Schlussteil: Gesamtergebnis hervorheben.

Beispiel:

Goethe und Brecht gestalten jeweils einen Wissenschaftler, dessen jeweiliges Denken und dessen Selbsteinschätzung durch die zeitliche Verankerung im 18. (Goethe) bzw. 20. Jahrhundert (Brecht) geprägt ist. Während Goethes Drama mit diesem Eingangsmonolog beginnt, spricht Galilei diesen Monolog in der vorletzten Szene. Beide blicken auf das Ergebnis ihres Schaffens zurück. Ziel ist die Gegenüberstellung dieser zwei Figuren.

Faust als Studierter, der selbst auch Studenten unterrichtet, ist unglücklich über die Begrenztheit des möglichen Wissens. Sein Ziel besteht darin, die inneren Gesetzmäßigkeiten der Welt zu erkennen. Er weiß mehr, was er nicht weiß, als dass er Antworten auf all die Fragen hätte, die ihn umtreiben. Deshalb wählt er, verzweifelt über dieses Nichtwissen, den Weg der Magie, des Erkennens durch Erfahrung.

Galilei hingegen reflektiert die Wirkung seines Widerrufs vor der Inquisition. Im Interesse der Machthaber hatte er seine Lehre widerrufen, der zufolge sich die Erde um die Sonne drehe und damit nicht mehr im Mittelpunkt des Weltalls stehe. Dieses Verhalten wertet er als Versagen des Wissenschaftlers schlechthin. Denn seinem Anspruch nach dient Forschung zum Nutzen des einfachen Menschen, zur Erleichterung dessen Alltags. Darauf hätte er am liebsten den hippokratischen Eid geleistet - sein Verhalten vor der Inquisition spricht jedoch dagegen.
Galilei sieht sich in einer symbolischen Bedeutung: Wie geht man allgemein mit neu entdecktem und erarbeitetem Wissen um?

Sprachlich redet Faust in Versen, während Galilei ohne rhythmisch-metrische Bindung spricht. Im Gegenzug verwendet er viele treffende Bilder, während Faust sein Problem durch ein geflügeltes Wort veranschaulicht. Zusammenfassend unterscheiden sich beide in der Frage nach dem Nutzen von Wissen. Während Faust die Welt erkennen will, soll Galileis Wissen dem gemeinen Volk hilfreich sein. Ihr Wissen vermitteln wollen dagegen beide Wissenschaftler.

Häufig verwendete sprachliche Mittel (II): Stil

Sprachliches Mittel	Funktion
Leitwörter	Stellen das Thema dar.
Beispiel: *Rauchverbot, Genmanipulation*	
Schlüsselwörter	Strukturieren den Gedankengang, heben das Thema hervor. Die Häufigkeit im Text signalisiert ihre Bedeutung.
Beispiel: *Das <u>Rauchverbot</u> setzt sich durch. […] Wirtschaftlich betrachtet ist das <u>Rauchverbot</u> […]*	
Reizwörter	Wirken wertend, nehmen Einfluss auf den Leser/die Leserin, erzeugen eine emotionale Reaktion. Die Häufigkeit im Text signalisiert ihre Bedeutung.
Beispiel: *Und wieder einmal ist die <u>Herdprämie</u> in aller Politiker […] Munde.*	
Fachbegriffe	Prägen den Text, verweisen auf den Adressatenkreis.
Beispiel: *Betroffen sind in der Regel nur bestimmte <u>DNS-Sequenzen</u>.*	
Fremdwörter	Bezeichnen einen Sachverhalt genauer.
Beispiel: *Er ist ein besonders <u>jovialer</u> Typ.*	
Jargon	Signalisiert Gruppenzugehörigkeit, dient dem Zusammenhalt.
Beispiel: *Digger, voll fett das Ganze!*	
Komparative	Betonen das Dargestellte.
Beispiel: *Der Vorteil des Rauchverbots ist <u>größer als</u> sein Nachteil.*	
Superlative	Erzeugen Assoziationen.
Beispiel: *Das <u>allerheiligste</u> Gesetz bleibt …*	
Nominalstil	Substantive überwiegen; nüchterne, sachliche Darstellung von Sachverhalten
Beispiel: *Nach <u>Bezwingung</u> des höchsten Gipfels …*	
Verbalstil	Verben dominieren; flüssige, dynamische Darstellung von Sachverhalten
Beispiel: *Nachdem der höchste Gipfel <u>bezwungen</u> wurde, …*	
Metapher	Eine Wortbedeutung wird in einem nicht ursprünglichen Sinn verwendet.
Beispiel: *<u>Blauer Dunst</u> für Zigarettenrauch*	
Vergleich	Zwei Ausdrücke aus unterschiedlichen Bereichen, die durch „wie" verbunden werden.
Beispiel: *Rund wie eine Matheaufgabe.*	

Wie ein Abituraufsatz entsteht

Formulierungen von Abituraufgaben können lauten:

Analysieren und interpretieren Sie den Auszug aus G.E. Lessings Drama „Nathan der Weise".

Erschließen Sie den folgenden Szenenausschnitt, indem Sie Inhalt und Aufbau sowie die dramaturgischen und sprachlich-stilistischen Gestaltungsmittel untersuchen! Arbeiten Sie insbesondere den Konflikt heraus, in dem sich die Hauptfigur befindet!

Zeigen Sie, ausgehend vom Verhalten Medeas in der vorliegenden Szene, an einem anderen literarischen Werk vergleichend auf, wie die Hauptfigur mit ihrer Leidenschaft umgeht!
Berücksichtigen Sie dabei das erkennbar werdende Menschenbild.

Drama: Brecht, B.: Der gute Mensch von Sezuan. Interpretieren Sie das Zwischenspiel unter Einbeziehung der Konzeption des Epischen Theaters.

Gryphius, A.: Thraenen des Vaterlandes (Interpretation)
Analysieren Sie das Gedicht von Andreas Gryphius.

Erschließen Sie die beiden folgenden Gedichte und erarbeiten Sie, ausgehend von der jeweiligen Gestaltung des Frühlingsmotivs, eine vergleichende Interpretation, in der Sie auch auf epochen- und zeittypische Merkmale eingehen!

„Jeder Mensch ist ein Abgrund, es schwindelt einem, wenn man hinabsieht".
(Georg Büchner)
Zeigen Sie in einem Vergleich auf, wie diese Einschätzung des Menschen in zwei literarischen Werken unterschiedlicher Epochen gestaltet wird, und gehen Sie dabei auf den jeweiligen gedanklichen und literaturgeschichtlichen Hintergrund ein!

Strauß, B.: Groß und klein (Kreatives Schreiben)
(1) Untersuchen Sie den Auszug aus Botho Strauß' Drama „Groß und Klein"; berücksichtigen Sie dabei auch Anspielungen auf andere Texte. Schreiben Sie dann eine der im Folgenden skizzierten kreativen Ergänzungen des Textes:
(2) Leisten Sie Vorarbeiten zu einer Verfilmung der Szene. Entwerfen Sie ein Drehbuch zu einer ausgewählten Sequenz mit mehreren Einstellungen.

Becker, Juri: Jakob der Lügner (Interpretation)
Analysieren und interpretieren Sie den vorliegenden Textauszug.

Analysieren Sie den vorliegenden Artikel „Ich habe einen Traum" von Wolf Schneider (2005). Nehmen Sie kritisch Stellung zur Haltung des Autors.

Analysieren Sie den vorliegenden Auszug aus der Rede des ehemaligen Bundespräsidenten Johannes Rau „Religionsfreiheit heute – zum Verhältnis von Staat und Religion in Deutschland". Nehmen Sie kritisch zur Rede Stellung. Setzen Sie dabei Schwerpunkte.

1.5.1 Systematisches Vorgehen in fünf Schritten

1 **Erfassen Sie die Aufgabenstellung:** Was genau sollen Sie machen?

Diese **Formulierung...**	... erfordert folgendes Vorgehen:
Analysieren und **interpretieren** Sie folgende Kurzgeschichte / folgendes Gedicht ...	Sie zerlegen (segmentieren) den Text: Erkennen Sie die inhaltliche Struktur, untersuchen Sie sprachliche Besonderheiten sowie deren Wirkung auf den Leser. Formulieren Sie dann die **Gesamtaussage (Interpretationshypothese)** und beweisen Sie diese am Text. Hinweise zu Autor und Entstehungszeit untermauern Ihren Interpretationsansatz.
Erörtern Sie ...	Sie führen zu einer vorgegebenen Frage- oder Problemstellung sinnvolle Argumente an, beweisend (linear) oder abwägend (dialektisch), je nach konkreter Aufgabenstellung.
Vergleichen Sie ...	Sie suchen nach Gemeinsamkeiten und Unterschieden, benennen die zugrunde gelegten Kategorien.
Erschließen Sie ...	Sie wenden die verschiedensten Arbeitstechniken an, um einen Text zu verstehen und Ihre Ergebnisse niederzuschreiben.

Stellen Sie fest, welche **Aufgabenart** vorliegt: die (vergleichende) Interpretation eines literarischen Textes, die Erörterung einer Fragestellung, die Analyse eines pragmatischen Sachtextes oder der produktive Umgang mit einer Textvorlage?

Umgang mit Literatur (Prosa, Lyrik, Drama)	Sie analysieren die sprachlichen, literarischen, ästhetischen (strukturierenden) Merkmale des Textes.
Umgang mit pragmatischen Texten	Sie analysieren eine Rede oder einen Sachtext.
Produktiver Umgang mit einer Textvorlage	Sie reagieren auf die im Text dargelegte Problemstellung mit einem eigenen Text, z.B. einem Leserbrief, einem Essay, einem Storyboard oder einem Drehbuch.

Einige **vergleichende Aufgaben** können so angelegt sein, dass Sie auf Ihr gesamtes Fachwissen aus der Oberstufe zurückgreifen müssen

Motivvergleich	Sie vergleichen ein Motiv aus zwei unterschiedlichen Epochen.
Figurenaufbau	Sie vergleichen zwei zentrale Gestalten (Protagonisten) zweier verschiedener Werke, die sich in einer jeweils ähnlichen Situation befinden und stellen deren unterschiedliches Verhalten heraus – unter Berücksichtigung zeitgeschichtlicher Hintergründe oder epochetypischer Merkmale.
Problem-/ Konfliktsituation	Sie vergleichen die Entwicklung eines Konfliktes, z.B. die Verantwortung des Wissenschaftlers.

Lesen Sie daher die Aufgabenstellung genau durch. Aus ihr ergibt sich eine erste **grobe Gliederung**:

I Einleitung:	Hier benennen Sie den Autor, den Titel, das Thema bzw. die Problemstellung sowie das Erscheinungsjahr des Textes.
II Hauptteil:	Hier strukturieren Sie Ihren Text gemäß der Teilaufgaben.
III Zusammenfassung:	Hier benennen Sie zusammenfassend Ihre Ergebnisse aus dem Hauptteil.

Wie das im Einzelnen funktioniert, erfahren Sie in den nachfolgenden Kapiteln.

2 **Legen Sie sich eine Stoffsammlung an.** Dazu notieren Sie alle wichtigen Gedanken zum Thema – vorerst noch in Stichworten. Das kann in Form eines Clusters, einer Mindmap oder in Form eines einfachen Stichwortzettels geschehen. Die Hauptstränge Ihrer Überlegungen sollten die Teilaufgaben berücksichtigen.

Beispiel:

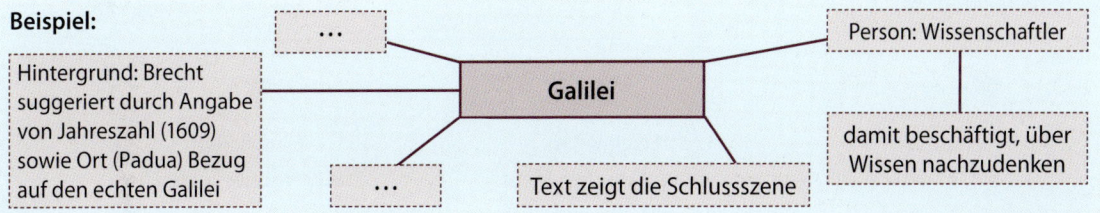

		Person: Wissenschaftler
Hintergrund: Brecht suggeriert durch Angabe von Jahreszahl (1609) sowie Ort (Padua) Bezug auf den echten Galilei	**Galilei**	damit beschäftigt, über Wissen nachzudenken
...	Text zeigt die Schlussszene	

3 Überlegen Sie, in welcher Reihenfolge all Ihre Gedanken geordnet werden sollen. Notieren Sie dann eine **Feingliederung**. Sie enthält das Thema sowie die Haupt- und Zwischenüberschriften mit den dazugehörigen Kerngedanken.

4 **Schreiben** Sie jetzt Ihren Aufsatz. Lenken Sie den Leser durch den Text. Er soll immer wissen, an welchem Punkt Ihrer Gliederung er sich befindet. Welche Aufsatzart Sie auch schreiben, jeder Aufsatz gliedert sich in drei Teile:

Einleitung	◼ Benennen Sie den Anlass, das Thema und die Zielstellung der Arbeit. ◼ Geben Sie in ein bis zwei Sätzen den Inhalt des Textes wieder. ◼ Formulieren Sie die Themen- oder Problemstellung – entweder in eigenen Worten oder in Form einer Untersuchungsfrage. ◼ Skizzieren Sie kurz, wie Sie diese Fragestellung klären bzw. die Aufgabenstellung bearbeiten wollen.
Hauptteil	Beweisen Sie Ihre Interpretationshypothese bzw. Behauptung oder beantworten Sie die Aufgabenstellung mit ihren Teilaufgaben: ◼ analysierend, ◼ erörternd, ◼ interpretierend, ◼ produktiv reagierend.
Zusammenfassung	◼ Greifen Sie die Frage- bzw. Aufgabenstellung aus der Einleitung wieder auf. ◼ Wiederholen Sie die zentralen Thesen. ◼ Formulieren Sie Ihre eigene Position. ◼ Verweisen Sie auf weiterführende Frage- und Problemstellungen, wie z.B. auf alternative Texte zum selben Thema, auf die Entstehungssituation des Textes usw.

Für jeden der drei Teilabschnitte gibt es dazugehörige sprachliche Formulierungen. Informationen hierzu finden Sie auf Seite 60.

5 **So viel Zeit muss sein:** Nach dem Schreiben lesen Sie den Text **Korrektur**.
◼ Wird Ihr roter Faden deutlich?
◼ Stehen alle Gedanken an der richtigen Stelle?
◼ Vermeiden Sie Wortwiederholungen und korrigieren Sie Rechtschreibfehler!
◼ Vermeiden Sie Stilfehler: Lösen Sie Schachtelsätze zugunsten mehrerer kurzer Sätze auf. Lassen Sie Wortgruppen weg oder ersetzen Sie diese durch einfache Worte. Verwenden Sie die **Fachsprache**: „man", „der Autor", „im Text wird dargestellt".

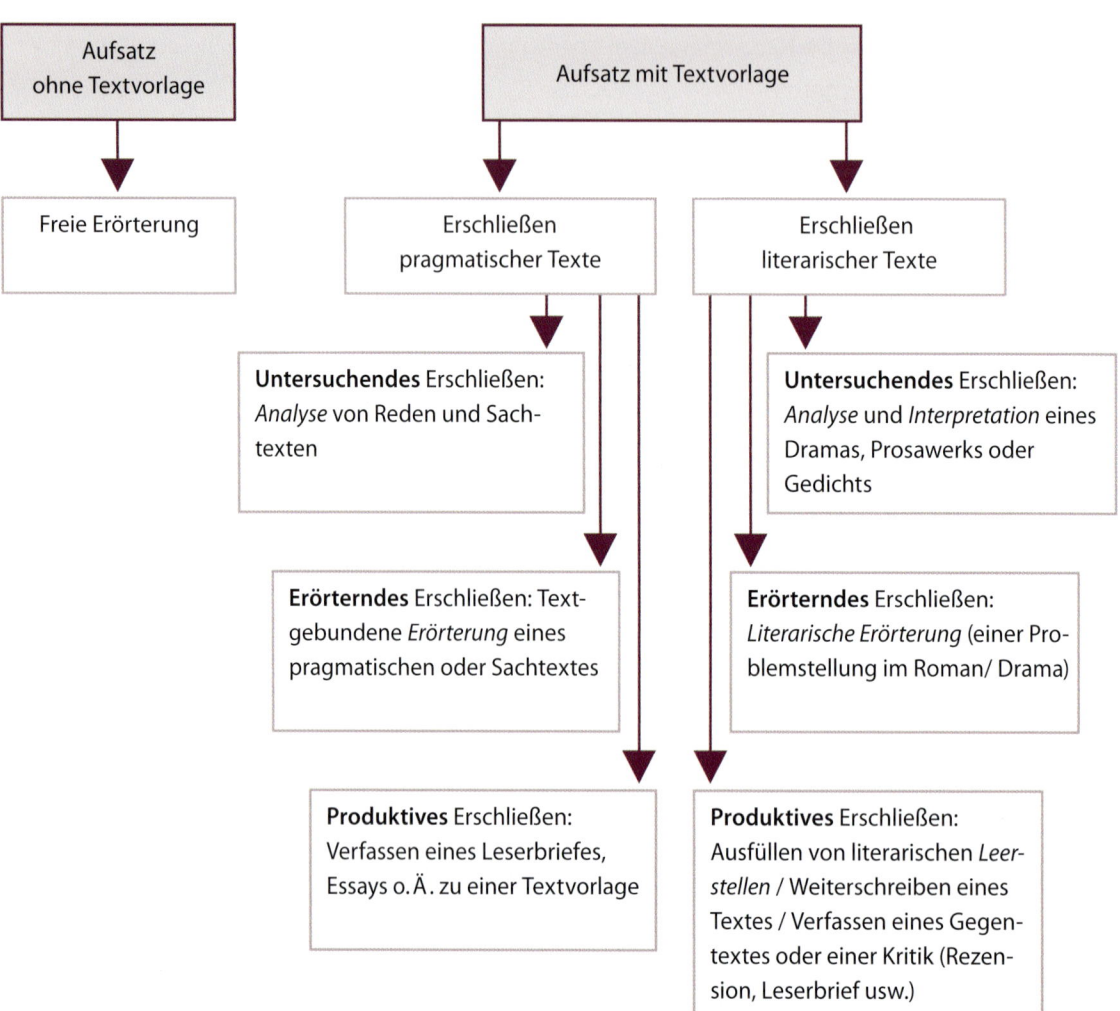

2 Mit Sachtexten umgehen

2.1 Analyse eines Sachtextes

An den Lagerfeuern des 20. Jahrhunderts

von Matthias Wörther

1 Über die Seichtheit des Fernsehangebotes lässt sich in der Regel schnell Einigkeit
herstellen und folglich muss es oft als Sündenbock für eine Reihe negativer
Entwicklungen herhalten. Auf der anderen Seite ist das Fernsehen im
Medienensemble das Leitmedium, das von den allermeisten genutzt und dem die
5 meiste Freizeit gewidmet wird. [...]

Die Hauptaufgabe des Fernsehens – des massivsten Kommunikationsmediums der
modernen Gesellschaft – ist es, für die symbolischen Funktionen zu sorgen, die
früher nur von den populären Religionen vermittelt wurden. Die weithin
10 voraussagbaren Szenarien von Nachrichten, Fernsehfilmen, Dramen, ‚intimen‘
Talkshows, denen Millionen zuschauen, können ohne weiteres als die Rituale, Kulte,
Passionsspiele und Mythen der Moderne gelten.

Fernsehen besitzt also neben seinem bloßen Unterhaltungswert auch eine
15 Orientierungs- und Stabilisierungsfunktion. Es bestätigt Jugendliche in ihrer
Überzeugung, strukturiert den Tagesablauf und bietet Weltdeutungen an. Es ist die
Gesellschaft in ihrer Gesamtheit, die hier den Mythos ihrer Gegenwart formuliert,
feiert und sogar reflektiert. Insofern kann es nicht nur falsch sein, wenn sich die
Kinder mit ihren Eltern vor den elektronischen Lagerfeuern versammeln.

20

Beim Fernsehen liegt der Schwerpunkt auf der Alltagskommunikation. In vielerlei
Hinsicht führt es das unablässige Gespräch, in dem wir uns mit unserer Umgebung
befinden, auf einer gesamtgesellschaftlichen Ebene fort. Wie das Alltagsgerede ist
dieser Strom an Bildern und Worten oft banal, aber trotzdem wichtig und sogar
25 lebensnotwendig. Es versichert uns Tag für Tag und unaufhörlich, dass unsere Welt
Bestand hat und man ihrer Normalität vertrauen kann. Deshalb kann man die Freude
von Kindern und Jugendlichen an Fernseh-Serien durchaus auch positiv
interpretieren: Sie tauchen in eine Welt ein, die gleich bleibenden und zuverlässigen
Regeln folgt und in der sie sich problemlos orientieren können.

(aus: Lupe, Heft 2. Fulda. 1999)

Beispielaufgabe:
Analysieren Sie vorliegenden Artikel „An den Lagerfeuern des 20. Jahrhunderts" von Matthias Wörther.
Nehmen Sie kritisch Stellung zur Haltung des Autors.

2.1.1 Den Sachtext erschließen

Als Sachtexte werden hier nicht-fiktionale Texte aufgefasst, Werbetexte jedoch nicht dazugezählt. Sachtexte können demnach Gebrauchsanweisungen oder Zeitungsartikel sein, aber auch Berichte sowie Protokolle. Im Abitur eingesetzte Sachtexte enthalten eine Problemstellung, die der Autor des Sachtextes argumentativ entfaltet, beispielsweise in einem Kommentar bzw. im Feuilleton.

Ein Sachtext als Grundlage für den Abituraufsatz kann aber auch eine Rede oder ein Essay sein.

Sie erschließen sich einen vorliegenden Sachtext am einfachsten in den drei bisher schon dargestellten Grundschritten:

1 Thema erkennen,

2 Hauptgedanken bzw. auffallende sprachliche Wendungen lesend analysieren und

3 das Herausgelesene schriftlich festhalten.

1 **Ermitteln Sie den Autor, sein Thema und den Anlass der Abhandlung.**

- *Matthias Wörther: An den Lagerfeuern des 20. Jahrhunderts.*
- Das Thema bilden das Fernsehen sowie Gedanken zum Fernsehen.

2 **Auf welche Schlüsselbegriffe stoßen Sie** in der Überschrift? Welche Fragen lassen sich daraus ableiten? Ferner: Aus welcher Perspektive und mit welcher Absicht könnte der Autor schreiben?

An den Lagerfeuern des 20. Jahrhunderts
- Die Metapher Lagerfeuer weckt Assoziationen: Wärme, Romantik, gemeinsame Lieder, Geselligkeit;
- Zeitangabe: 20. Jahrhundert – gemeint ist die Gegenwart;
- Perspektive des Textes: darstellend, informierend, nicht unbedingt kritisch;
- Fragen an den Text: Was ist mit Lagerfeuer gemeint, worum geht es dabei?

3 **Ermitteln Sie jetzt die logische Abfolge der Gedanken:** Welche Thesen stellt der Autor auf, wie begründet er sie?

„Über die Seichtheit des Fernsehangebotes lässt sich in der Regel schnell Einigkeit herstellen und folglich muss es oft als Sündenbock für eine Reihe negativer Entwicklungen herhalten. Auf der anderen Seite ist das Fernsehen im Medienensemble das Leitmedium, das von den allermeisten genutzt und dem die meiste Freizeit gewidmet wird. [...]"
- *Stellt der These vom Sündenbock die Antithese vom Leitmedium gegenüber*

◀ Logische Abfolge der Gedanken

„Die Hauptaufgabe des Fernsehens – des massivsten Kommunikationsmediums der modernen Gesellschaft – ist es, für die symbolischen Funktionen zu sorgen, die früher nur von den populären Religionen vermittelt wurden. Die weithin voraussagbaren Szenarien von Nachrichten, Fernsehfilmen, Dramen, ‚intimen' Talkshows, denen Millionen zuschauen, können ohne weiteres als die Rituale, Kulte, Passionsspiele und Mythen der Moderne gelten."
- *These: Fernsehen vermittelt symbolische Funktionen, Mythen der Moderne,*
- *Begründungen: Sendungen werden inszeniert als Rituale, Kulte usw.*

◀ Metaphern und Reizwörter: erzeugen negative Assoziationen

◀ Logische Abfolge *These und Begründung*

„Fernsehen besitzt also neben seinem bloßen Unterhaltungswert auch eine Orientierungs- und Stabilisierungsfunktion. Es bestätigt Jugendliche in ihrer Überzeugung, strukturiert den Tagesablauf und bietet Weltdeutungen an. Es ist die Gesellschaft in ihrer Gesamtheit, die hier den Mythos ihrer Gegenwart formuliert, feiert und sogar reflektiert."

 ◀ Schlussfolgerungen

Beispiel:
- ■ Fernsehen dient der Orientierung und damit auch Stabilisierung: bestätigt Überzeugungen, strukturiert Tagesablauf, bietet Deutungen.
- ■ Gesellschaft inszeniert sich durch das Fernsehen.
- ■ Sprachlich unterstützt durch Metaphern *(Strom an Bildern und Worten)*, Aufzählungen ([...] *Szenarien von Nachrichten, Fernsehfilmen, Dramen, „intimen" Talkshows [...]*).

4 **Analysieren Sie als nächstes die Perspektive des Autors:**
Welche Absicht verfolgt er mit seinem Text?
Man erkennt seine Absicht z.B.
- ▪ an wertenden Verben und Adjektiven:
  Seichtheit, unablässige Gespräche, gleichbleibende und zuverlässige Regeln.
- ▪ an auffälligen Metaphern und Vergleichen: *Lagerfeuer, Strom an Bildern, Leitmedium.*
- ▪ an einem auffälligen Satzbau: *[...] nicht nur falsch, [...].* Es liegt eine Inversion (Umkehrstellung) der Teilsätze vor.
- ▪ an der Verwendung von Superlativen: *[...] des massivsten Kommunikationsmediums der modernen Gesellschaft [...].*
- ▪ an rhetorischen Fragen, z.B.: *Warum sollen Kinder nicht fernsehen dürfen?*

5 Ihre **Ergebnisse** aus den Schritten [1] bis [4], also Ihre Vorstellung von der gedanklichen bzw. inneren Struktur des Textes, **halten Sie** jetzt **schriftlich fest**.
- ▪ in Stichworten als Konspekt (siehe unten sowie Seite 4) oder als Cluster, Mindmap (siehe Seite 29), Schaubild usw.
- ▪ Schreiben Sie treffende Zitate und unverwechselbare sprachliche Wendungen wortwörtlich heraus.

Beispiel:
- ■ Matthias Wörther: An den Lagerfeuern des 20. Jahrhunderts.
- ■ Thema: Fernsehen.
- ■ Stellt der These „Fernsehen als Sündenbock" die Antithese vom „Fernsehen als Leitmedium" gegenüber.
- ■ These: Fernsehen vermittelt Mythen der Moderne, hat symbolische Funktionen.
- ■ Begründung: Sendungen werden inszeniert als Rituale, Kulte usw.
- ■ Folge: Fernsehen dient damit der Orientierung und somit auch der Stabilisierung: bestätigt Überzeugungen, strukturiert Tagesablauf, bietet Deutungen.
- ■ Gesellschaft inszeniert sich durch das Fernsehen.
- ■ Position des Autors: Er vermittelt, da er Fernsehen nicht nur als Sündenbock, sondern auch dessen positive Wirkung sieht.

2.1.2 Wie verfasst man eine Sachtextanalyse?

1 Gehen Sie beispielhaft von folgender Aufgabenstellung aus:

Aufgabe: Analysieren Sie den folgenden Text. Nehmen Sie kritisch Stellung zur Haltung des Autors.

In der Sachtextanalyse schreiben Sie **logisch gegliedert** auf, was Sie beim lesenden Erschließen des Textes herausgefunden haben.
Häufig werden Ihnen Teilaufgaben gestellt:

Diese Aufgabenstellungen	... erfordern folgendes Vorgehen:
Ordnen Sie ein...	Sie beschreiben die innere Gliederung des Textes, also den Aufbau der Argumentation.
Nehmen Sie kritisch Stellung zur Haltung des Autors.	Sie benennen dessen Position und setzen Ihre eigene Position argumentativ dagegen.
Setzen Sie Schwerpunkte.	Sie wählen aus vielen Kritikpunkten des Autors eigenständig einige wenige aus und diskutieren diese.
Verfassen Sie einen Leserbrief.	Sie notieren in der Form eines Briefes, z.B. an die Redaktion der Zeitung oder den Autor, Ihre Gedanken zum Text. Dies in der Regel argumentierend.

2 Im nächsten Schritt legen Sie eine Stoffsammlung an:
- Welche Ihrer Leseergebnisse können Sie für den Aufsatz gebrauchen?
- Welche Gedanken sollten Sie ergänzen, z.B. für Ihre kritische Stellungnahme?
- Welche Schwerpunkte wollen Sie bei Ihrer kritischen Entgegnung setzen?
- Welche Überlegungen gehören in den Text, z.B. in einen Leserbrief?

3 Überprüfen Sie die Reihenfolge Ihrer Überlegungen:
Steht alles an einem sinnvollen Platz? Wenn ja, dann formulieren Sie die Gedanken der Stoffsammlung in vollständigen Sätzen aus. Schreiben Sie also jetzt Ihren **Aufsatz**.

a) **Beginnen Sie mit der Einleitung:** Sie stellen den Autor, den Titel und das Thema vor, benennen die **Problemstellung** und Ihr eigenes **Vorgehen**.

Beispiel:
Matthias Wörther verfasste den Artikel „An den Lagerfeuern des 20. Jahrhunderts", darin äußert er sich über das Medium Fernsehen. Seine Gedanken sollen im Folgenden analysiert werden.

b) **Im Hauptteil** stellen Sie die **logische Gliederung des Textes** dar: seine Thesen sowie die vorgetragenen Argumente und gehen auf auffällige sprachliche Mittel ein.

Beispiel: Matthias Wörther macht zu Beginn darauf aufmerksam, dass das Fernsehen oft als Sündenbock (Reizwort) herhalten muss – *durch die Seichtheit vieler Fernsehprogramme. Gleichzeitig nimmt er es aber auch als Leitmedium (Leitbegriff) wahr, das sehr viel Publikum findet.*
Der Autor sieht die Aufgabe für dieses Leitmedium in seiner Hauptbestimmung: populäre Religionen zu ersetzen und damit Symbole sowie Mythen der Moderne zu vermitteln. Seine Sendungen inszeniere es z.B. als Rituale, Kulte, Passionsspiele. Matthias Wörther schreibt dem Fernsehen folglich drei Funktionen zu: die der Unterhaltung, der Orientierung und der Stabilisierung. Als Gründe führt er an, dass das Fernsehen Jugendliche in ihrer Überzeugung bestätige, deren Tagesablauf strukturiere sowie Deutungen der Welt anbiete. Dem Autor zufolge liege der

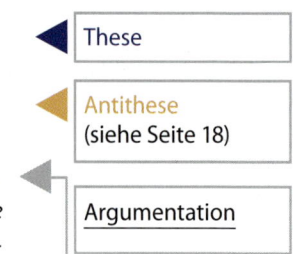

These

Antithese
(siehe Seite 18)

Argumentation

Schwerpunkt auf der Alltagskommunikation. Einer negativen Assoziation beugt
er vergleichend mit einer Metapher vor: Das Fernsehen liefere einen „Strom an
Bildern und Worten", der wichtig und sogar lebensnotwendig sei.

Dann reflektieren Sie die Position des Autors.

Beispiel:
Matthias Wörther wirkt vermittelnd zwischen den beiden Polen Fernsehkonsum und dessen Ablehnung. Mit Adjektiven wie unablässig („unablässige Gespräche auf gesamtgesellschaftlicher Ebene") sowie den Adverbien „banal" und „lebensnotwendig" unterstreicht er die positive Bedeutung des Fernsehens. Das Reizwort „Sündenbock" (Z.2) steht dem Reizwort Lagerfeuer (Überschrift) antithetisch gegenüber. Mit der Metapher des Lagerfeuers unterstreicht der Autor die kommunikative Funktion des Fernsehens, die dann zum Tragen kommt, wenn sich Eltern mit ihren Kindern davor versammeln. Das Fernsehen hilft den Jugendlichen, sich unaufhörlich der Tatsache versichern zu können, dass unsere Welt Bestand hat und man ihrer Normalität vertrauen kann. Die Adjektive „gleich bleibend" und „zuverlässig" (Z. 28) unterstützen die insgesamt eher positive Bewertung des Leitmediums Fernsehen.

Im Anschluss diskutieren Sie die Argumente des Autors anhand eigener Gegenargumente.
Dazu greifen Sie solche Hauptgedanken wieder auf, die Sie zum Widerspruch reizen.

Beispiel:
Welche Mythen der Moderne werden denn vermittelt? Nach dem Verständnis von Roland Barthes sind Mythen Gedankenbilder, die wir als natürlich aber auch unbewusst empfinden. Betrachtet man Sendungen wie [...], so kann man daraus den Leitgedanken entnehmen, dass [...].

4 Fassen Sie Ihre Ergebnisse abschließend zusammen.

Beispiel:
Matthias Wörther reflektiert also über die gesamtgesellschaftliche Bedeutung des Mediums Fernsehen. Er sieht es als ein Leitmedium, das der Unterhaltung, Orientierung und Stabilisierung dient, da es den Eindruck einer gleich bleibenden, zuverlässigen sowie festen Regeln folgenden Welt vermittelt. Dem sollte man kritisch entgegenhalten, dass ...

5 Kontrollieren Sie Ihren Aufsatz in Bezug auf inhaltliche Logik und sprachliche Richtigkeit.
- Kann der Leser meinem Gedankengang folgen?
- Sind alle Zitate formal korrekt angezeigt?
- Habe ich einen sachlichen Analysestil (Fachsprache) verwendet? (In einem Leserbrief oder Essay zum Beispiel dürfen Sie auch subjektiv formulieren.)
- Sind meine Sätze kurz genug und damit verständlich? Sind sie ausreichend formuliert, so dass die Zusammenhänge deutlich werden?

Passende Formulierungen um

Aussagen oder Argumente aneinanderzureihen:	*zunächst, darüber hinaus, weiterhin, ergänzend, diese unterstützend, ferner, auch*
allgemeine logische Verknüpfungen herzustellen:	Sie beschreiben die innere Gliederung des Textes, also den Aufbau der Argumentation: *und, infolge, im Anschluss.*
auf Gegenargumente / Einschränkungen zu verweisen:	Sie benennen dessen Position und setzen Ihre eigene Position argumentativ dagegen: *im Gegensatz dazu, dem gegenüber.*
Schlussfolgerungen / Ergebnisse zu sichern:	*zusammenfassend, aus alledem ist zu ersehen, man kann also festhalten*

Exkurs: Sachtexte im Vergleich

Prinzipiell können Sie jeden Text mit einem anderen vergleichen. Als mögliche Vergleichskriterien bieten sich an:

- die äußeren Merkmale,
- die These bzw. das Gesamturteil,
- Bezugspunkte bzw. Unterthemen,
- sprachliche und formale Gestaltung.

Die Gliederung einer solch vergleichenden Sachtextanalyse lässt sich dann auf folgende Weisen gestalten:

linear	vernetzt
Sie analysieren zunächst einen der zwei Texte mit Blick auf die Vergleichskriterien. Im Anschluss legen Sie die Gemeinsamkeiten und Unterschiede in Bezug auf den zweiten Text dar.	Sie arbeiten die Vergleichskriterien nacheinander ab – immer in Bezug auf alle zwei vorliegenden Texte.

Übersicht über Sachtexttypen

Sachttexttyp	Absicht	Beispiel
informativ	darstellend	Bericht, fachwissenschaftlicher Artikel
argumentativ	darstellend	Erörterung, Essay
beeinflussend	appellativ	Glosse, Leserbrief, politische Rede, Werbung

Strategien, um den Leser zu interessieren

Eine Reihe von Tricks und Techniken kann helfen, dem Leser die eigenen Gedanken interessant und eingängig zu vermitteln:

inhaltlich	sprachlich
Die Informationsfülle reduzieren: Einzelheiten, die nur für Fachleute von Interesse sind, werden weggelassen.	einfache, verständliche Wortwahl; Fachbegriffe vermeiden oder diese an Ort und Stelle erklären.
Visualisierung: Bilder und grafische Darstellungen werden verwendet, um komplexe Sachverhalte zu verdeutlichen.	Eine aufwertende Wortwahl mit Komparativen sowie Superlativen verwenden.
Personalisierung: Ein komplexes Sachgebiet wird durch einen typischen Tagesablauf einer Forscherin oder durch eine Entdeckungsszene dargestellt.	Verwendung von Metaphern, Vergleichen sowie Wörtern, die die menschliche Seite der Forschung nahe bringen.
Historisierung: Der Verlauf eines Falls wird erzählerisch in die Forschungsgeschichte eingebettet, auch im Hinblick auf den späteren Nutzen der Forschungsergebnisse.	Zitieren mündlicher Aussagen.

2.2 **Eine Rede analysieren**

„Ich werde immer ehrlich zu euch sein"

**Barack Obama entwickelt in Chicago vor mehr als 100 000 Menschen
Leitlinien seiner Präsidentschaft**

1 „Hallo Chicago. Wenn es da draußen irgendjemand gibt, der noch zweifelt, dass Amerika ein
Ort ist, wo alles möglich ist, der sich noch fragt, ob der Traum unserer Gründer heute lebendig ist,
der Fragen zur Kraft unserer Demokratie aufwirft, hat heute eine Antwort bekommen. [...] Es ist
die Antwort, die von Jungen und Alten gegeben wird, von Reichen und Armen,

5 Demokraten und Republikanern, Schwarzen ‚Weißen, Hispanics, Asiaten, Indianern, Schwulen
und Heterosexuellen, Behinderten und Nichtbehinderten. [...]
Es hat lange gedauert, aber heute Abend ist der Wandel in Amerika angekommen [...] Dies ist
euer Sieg. [...] selbst, wenn wir heute Abend feiern, wissen wir, dass die Herausforderungen von
morgen die größten unseres Lebens sind – zwei Kriege, ein Planet in höchster Gefahr, die schwerste

10 Finanzkrise in einem Jahrhundert. [...] Es wird Rückschläge und falsche Ansätze geben. [...]

Dieser Sieg allein ist noch nicht der Wandel, den wir anstreben. Er ist nur die Chance für uns,
diesen Wandel herbeizuführen. [...] Es kann nicht ohne euch geschehen [...] Daher lasst uns einen
neuen Geist des Patriotismus entwickeln, der Verantwortung, bei der jeder von uns beschließt,

15 einzuspringen und härter zu arbeiten und nicht nur nach uns selbst, sondern auch nach den
anderen zu schauen.
Und an diejenigen Amerikaner, deren Unterstützung ich erst noch erlangen muss: [...] ich höre eure
Stimmen. Ich brauche eure Hilfe. Und ich werde auch euer Präsident sein.
Und an alle, die heute Abend jenseits unserer Küsten zuschauen, von Parlamenten und Palästen,

20 an die, die in den vergessenen Ecken der Welt vor dem Radio zusammensitzen [...] eine neue
Morgendämmerung der amerikanischen Führungskraft ist da.
An diejenigen, die diese Welt niederreißen wollen: Wir werden euch besiegen. An diejenigen, die
Frieden und Sicherheit wollen: Wir unterstützen euch. [...]

25 Ann Nixon Cooper ist 106 Jahre alt. Sie wurde gerade eine Generation nach der Sklaverei geboren,
in einer Zeit, als es keine Autos auf der Straße und keine Flugzeuge im Himmel gab, als jemand
wie sie aus zwei Gründen nicht wählen konnte: Weil sie eine Frau ist und wegen ihrer Hautfarbe.
[...] Wenn da Verzweiflung im Staub und Depression im Land war, erlebte sie eine Nation, die ihre
Angst mit einem New Deal bezwang, mit neuen Arbeitsplätzen, einem neuen Sinn für gemeinsame

30 Ziele. Ja, wir schaffen das.
Als die Bomben auf unseren Hafen fielen und Tyrannei die Welt bedrohte, erlebte sie, wie eine
Generation sich zur Größe erhob und eine Demokratie gerettet wurde. Ja, wir schaffen das. [...]
Ein Mann ist auf dem Mond gelandet, eine Mauer wurde in Berlin niedergerissen, eine Welt wurde
verbunden durch unsere eigene Wissenschaft und Vorstellungskraft. Und in diesem Jahr, bei dieser

35 Wahl, berührte sie mit ihrem Finger einen Bildschirm und gab ihre Stimme ab, weil sie nach 106
Jahren in Amerika, durch die besten Zeiten und dunkelsten Stunden hinweg, wusste, wie Amerika
sich wandeln kann. Ja, wir schaffen das. [...]
Dies ist unsere Chance [...] Das ist unser Augenblick. Das ist unsere Zeit, unser Volk zurück zur
Arbeit zu bringen und Chancen für unsere Kinder zu eröffnen, Wohlstand wiederherzustellen und
die Sache des Friedens voranzubringen [...] Ja, wir schaffen das."

40 (aus: Die Welt, 6.11.2008, Seite 11)

Beispielaufgabe
Analysieren Sie den vorliegenden Auszug aus der Rede von Barack Obama. Nehmen Sie kritisch zur Rede
Stellung. Setzen Sie dabei Schwerpunkte.

2.2.1   Wer, wo, wann und worüber – die Analyse

Reden werden zu den unterschiedlichsten Anlässen gehalten. Sie können beispielsweise als wissenschaftlicher Vortrag, als feierliche Ansprache (Festrede) oder als politisch beeinflussende Rede verfasst sein. Im Abituraufsatz werden bevorzugt politische Reden analysiert. In diesem Fall arbeiten Sie die verschiedenen Mittel heraus, die in der Rede verwendet werden, um den Zuhörer für die in der Rede angesprochene Sache zu gewinnen. Für die Analyse einer Rede arbeiten Sie vorab in fünf Schritten die folgenden Aspekte heraus:

1 **Wer hat wann, wo, vor wem und mit welcher Zielstellung über welches Thema gesprochen?**
Zunächst interessiert den Leser also, wer der Redner ist, der Anlass der Rede sowie das Thema. Als Hintergrundinformation eignet sich eine knappe historische Einbettung (z. B. „im Rahmen des Einigungsprozesses", „während der nationalsozialistischen Diktatur").

Beispiel:
Barack Obama, der neu gewählte amerikanische Präsident, hält seine Antrittsrede in Chicago.
Abgedruckt am 6.11.2008.

2 **Worüber hat der Redner gesprochen?** Gefragt ist also eine kurze, knappe Angabe des Inhalts der Rede.

Beispiel:
■ Er wendet sich an das amerikanische Volk, das einen Wandel vollzogen hat,
■ kündigt seinen Zuhörern Grundzüge seiner künftigen Politik an und
■ versichert immer wieder: „Yes, we can".
■ Er wirft dabei einen Blick zurück auf die Geschichte der USA.

3 **Jetzt erst analysieren Sie den Gedankengang des Redners, also den Gang der Argumentation:**
■ Welche Behauptung bzw. These stellt er auf? Wie begründet er seine Behauptung und anhand welcher Beispiele veranschaulicht er sie?
■ Welche Art der Argumente verwendet der Redner: Bringt er Normen- oder Faktenargumente, eher moralische Argumente oder führt er Autoritäten an (siehe hierzu auch Seite 16)?

Beispiel:
■ Seine Wahl habe Kraft der Demokratie gezeigt (Faktenargument),
■ Wahlsieg gäbe Chance für Wandel (argumentiert moralisch),
■ fordert auf, neuen Patriotismus mit Verantwortung für sich und andere zu entwickeln (moralisch),
■ wendet sich mit seiner Ankündigung an einzelne Gruppen von Zuhörern,
■ gibt einen Rückblick auf Geschichte (Faktenargumente), mit dem Fazit: Ja, wir schaffen das.

4 **Jeder Redner verfolgt eine Strategie. Arbeiten Sie diese heraus.**
■ Sprachliche Mittel helfen dem Redner, das Gesagte zu veranschaulichen. Hierzu zählen Anaphern, Vergleiche, Metaphern, Wiederholungen, Parallelismen, Ellipsen usw. (siehe hierzu Seite 14 und 26). Achten Sie daher besonders darauf, welche dieser sprachlichen Mittel eine Rednerin bzw. ein Redner verwendet.

[…] *von Jungen und Alten gegeben wird, von Reichen und Armen, Demokraten und Republikanern, Schwarzen, Weißen, Hispanics, Asiaten, Indianern, Schwulen und Heterosexuellen, Behinderten und Nichtbehinderten.* […]

> Gegenüberstellung vermeintlich gegensätzlicher Zweiergruppen: Stiftet Gemeinschaftsgefühl.

■ Schlüsselbegriff „der Wandel":
[…] *heute Abend ist der Wandel in Amerika angekommen.*

*Und an diejenigen Amerikaner, deren Unterstützung ich erst noch erlangen muss:
[...] ich höre eure Stimmen. Ich brauche eure Hilfe. Und ich werde auch euer Präsident sein.
Und an alle, die heute Abend jenseits unserer Küsten zuschauen, von Parlamenten und Palästen, an die, die in den vergessenen Ecken der Welt vor dem Radio zusammensitzen [...] eine neue Morgendämmerung der amerikanischen Führungskraft ist da.
An diejenigen, die diese Welt niederreißen wollen: Wir werden euch besiegen. An diejenigen, die Frieden und Sicherheit wollen: Wir unterstützen euch. [...]*

> ◁ Anapher und *Parallelismus*

*Ann Nixon Cooper ist 106 Jahre alt. Sie wurde gerade eine Generation nach der Sklaverei geboren, in einer Zeit, als es keine Autos auf der Straße und keine Flugzeuge im Himmel gab, als jemand wie sie aus zwei Gründen nicht wählen konnte: weil sie eine Frau ist und wegen ihrer Hautfarbe. ... Wenn da Verzweiflung im Staub und Depression im Land war, erlebte sie eine Nation, die ihre Angst mit einem New Deal bezwang, mit neuen Arbeitsplätzen, einem neuen Sinn für gemeinsame Ziele.
Ja, wir schaffen das.
Als die Bomben auf unseren Hafen fielen und Tyrannei die Welt bedrohte, erlebte sie, wie eine Generation sich zur Größe erhob und eine Demokratie gerettet wurde. Ja, wir schaffen das. [...] Ein Mann ist auf dem Mond gelandet, eine Mauer wurde in Berlin niedergerissen, eine Welt wurde verbunden durch unsere eigene Wissenschaft und Vorstellungskraft. Und in diesem Jahr, bei dieser Wahl, berührte sie mit ihrem Finger einen Bildschirm und gab ihre Stimme ab, weil sie nach 106 Jahren in Amerika, durch die besten Zeiten und dunkelsten Stunden hinweg, wusste, wie Amerika sich wandeln kann. Ja, wir schaffen das. [...]*

> ◁ *Veranschaulichung der amerikanischen Erfolgsgeschichte an einer Person, vor dem Hintergrund historischer Ereignisse*

> ◁ *Wiederholung des zentralen Aufrufs: Soll Zustimmung erzeugen*

■ Spezielle rhetorische Mittel helfen dem Zuhörer, eine bestimmte Haltung einzunehmen. Diese Haltung kann dann zustimmend, ablehnend oder versöhnend bzw. vermittelnd sein.

Dies ist unsere Chance[...] Das ist unser Augenblick. Das ist unsere Zeit, unser Volk zurück zur Arbeit zu bringen und Chancen für unsere Kinder zu eröffnen, Wohlstand wiederherzustellen und die Sache des Friedens voranzubringen [...] Ja, wir schaffen das."

> ◁ Anapher + Verwendung des Possesivpronomens unsere, sowie des Personalpronomens der 1. Person im Plural (wir):
> Stiftet Gemeinschaftsgefühl und Zuversicht

5 **Zum Schluss reflektieren Sie die Absicht des Redners** und schätzen ein, inwieweit er das mit seiner Rede gesteckte Ziel erreicht hat.
■ Überprüfen Sie die Wirkung der Rede an sich selbst. Begründen Sie Ihre Beobachtungen.
■ Beziehen Sie Hintergrundwissen ein: Wie hat das Publikum seinerzeit auf diese Rede reagiert?

Einen Aufsatz über eine Rede verfassen

Um einen eigenen Aufsatz zu einer Rede zu verfassen, empfiehlt es sich, die folgenden Schritte zu beachten.

1   **Lesen und verstehen Sie zunächst die Aufgabenstellung.**

Beispiel:
Analysieren Sie den vorliegenden Auszug aus der Rede von Barack Obama. Nehmen Sie kritisch zu der Rede Stellung. Setzen Sie dabei Schwerpunkte.

Teilaufgaben	und die von Ihnen erwarteten Tätigkeiten
Analysieren Sie ...	■ Ermitteln und benennen Sie die W-Fragen. ■ Erfassen Sie den logischen Aufbau der Rede. ■ Benennen Sie auffällige sprachliche Mittel sowie die erkennbare rhetorische Strategie.
Nehmen Sie kritisch Stellung ...	Heben Sie einzelne Gedanken Obamas nochmals heraus und positionieren Sie sich dazu.
Setzen Sie dabei Schwerpunkte ...	Konzentrieren Sie sich auf wenige auffällige Gedanken und kommentieren Sie diese kritisch.

2   **Legen Sie sich eine Stoffsammlung an.**
Beachten Sie, welche Hintergrundinformationen von besonderer Bedeutung für das Verständnis der Rede sind.

Beispiel:
■ Logischer Gedankengang:
  ■ Kraft der Demokratie hat sich anhand des Wahlausgangs gezeigt
    ■ Sie gibt Chance zur Veränderung
    ■ direktes Ansprechen der einzelnen Gruppen von Zuhörern
    ■ Aufforderung, neuen Patriotismus mit Verantwortung für sich und andere zu entwickeln
  ■ Rückblick auf die eigene (amerikanische) Geschichte am Beispiel der Ann Nixon Cooper mit dem Fazit: Ja, wir schaffen das!
■ Strategie: aufwertend durch Wiederholung von Leitspruch sowie Verwendung der Personalpronomina und Possessivpronomina in der 1. Person Plural: Ja, wir schaffen das (*Yes, we can*); unser, wir
■ Kritik: Nur positive Momente der US-amerikanischen Geschichte werden benannt, kritische Resonanz der Betroffenen (Atombombenabwurf, Vietnam-Krieg usw.) werden nicht betont.
■ Ann Cooper dient aufgrund ihres Alters, Geschlechts sowie Hautfarbe als gutes Beispiel, um den roten Faden der US-Geschichte veranschaulichend aufzufädeln.
■ Klare Positionierung (mittels Anaphern) als Weltmacht bzw. Weltpolizist: „An diejenigen, die ...“

3   **Verfassen Sie Ihren Aufsatz**
  a) Informieren Sie einleitend über die W-Fragen: Wer hat wann vor welchem Publikum worüber geredet?

Beispiel:
Barack Obama sprach als neu gewählter Präsident der Vereinigten Staaten von Amerika im November 2009 in Chicago vor den versammelten Anhängern.
Er sprach von einem Wandel, der durch Amerika gehe, stellte Grundprinzipien seiner Regierung vor, rief ausgewählte Stationen der amerikanischen Geschichte mit der Feststellung „Ja, wir schaffen das“ in Erinnerung, und wies den Zuhörern den Weg.

b) Jetzt stellen Sie die Logik der Argumentation dar. Beziehen Sie gleich die Wirkung gezielt eingesetzter <u>sprachlicher und rhetorischer Mittel mit ein.</u>

Beispiel:

Barack Obama spricht zunächst sein Publikum an. In <u>Oppositionspaaren</u> aufzählend verdeutlicht er, wer alles zur amerikanischen Gesellschaft gehört: Jung und Alt, Reich und Arm, Demokraten und Republikaner, Schwarze, Weiße, Hispanics, Asiaten, Indianer, Schwule und Heterosexuelle, Behinderte und Nichtbehinderte. Anschließend würdigt er die Bedeutung seines Wahlsieges als die Chance für einen Wandel und appelliert an die Mitarbeit der zuvor angesprochenen, selbst Verantwortung zu übernehmen, härter als bisher zu arbeiten und „einen neuen Geist des Patriotismus" zu entwickeln, nämlich sich solidarisch gegenüber seinen Mitmenschen zu verhalten.

Im Folgenden versucht er über <u>Anaphern</u> und <u>Parallelismus</u>, u.a. seine Nichtwähler für seine Ziele zu gewinnen. Er verspricht, auch im Interesse seiner Nichtwähler solidarisch zu regieren. Mit der <u>Metapher</u> der „Morgendämmerung der amerikanischen Führungskraft" erhebt er einen fast schon absoluten Anspruch auf Weltmacht, auch in den „vergessenen Ecken der Welt", mit der Prophezeiung an seine Gegner: „Wir werden euch besiegen". Im Bezug auf die 106 Jahre alte Ann Nixon Cooper verdeutlicht er sehr anschaulich die Basis dieses Anspruchs auf Weltmacht. Aus jeder Krisensituation der letzten 250 Jahre gingen die USA nicht nur gestärkt hervor, sondern als Helden, die eine Demokratie retteten und mit der Öffnung der Berliner Mauer auch eine Welt verbanden.

Daraus schlussfolgert Obama logisch, wenn dieser Staat und seine Menschen also solch eine Kraft besitzen, dann sollten sie auch die vor ihnen liegende Chance nutzen, um den „Wohlstand wiederherzustellen und die Sache des Friedens voranzubringen" (Z. 38f.). Obama beendet seine Rede mit der auch im bisherigen Verlauf immer wieder verwendeten Formel „Yes, we can" – Ja, wir schaffen das. Sie wirkt, als ob sich damit während der Rede auftürmende Zweifel niederreißen lassen würden. Dieser Spruch „Yes, we can" verdeutlicht gleichzeitig, welche Kraft in den Vorstellungen und Zielen der Menschen liegen können, wenn diese nur konsequent und unbeirrt verfolgt werden.

c) Nun schließt sich die kritische Stellungnahme an. Sie sollen dabei selbst Schwerpunkte setzen. Greifen Sie dabei auf solche hervorstechenden, auffälligen Gedanken des Redners zurück, auf die Sie sofort etwas erwidern können.

Beispiel:

Der Aufruf „Yes, we can – ja, wir schaffen das" mag im Sinne einer göttlichen Mission als Glaubensformel dienen, an der sich unter widrigen Umständen festzuhalten lohnt.

Die neue Rolle als Weltmacht - im Sinne einer Morgendämmerung der amerikanischen Führung –, die Obama hervorhebt, überschätzt hier und da die Rolle, die die Politik der USA bei der Lösung internationaler Konflikte tatsächlich spielt. Ebenso erscheint der Gedanke, „eine Mauer wurde in Berlin niedergerissen" als Übertreibung der Wirkkraft internationalen Engagements.

Die Rede wird getragen von einer gewissen Leidenschaft, die anstehenden Probleme lösen zu wollen und zu können. Obama nutzt die Welle des Erneuerungswillens, die sich mit seiner Wahl als Afroamerikaner zum US-Präsidenten verbindet, um seinen eigenen Willen zum Engagement für Veränderung auf seine Mitmenschen zu übertragen.

2.2.3   Häufige Redestrategien und Sprechakte

Redestrategien sind über die einzelnen Sätze, Argumente und sprachlichen Mittel hinausreichende, absichtsvolle Maßnahmen, mit denen Hörer bzw. Leser beeinflusst werden sollen. Besonders in Reden werden psychologische Methoden der Einflussnahme eingesetzt. Eine Rednerin bzw. ein Redner kann eine bestimmte Redestrategie aber erst wählen, wenn Ziel und Absicht der Rede festgelegt sind.

Auf der anderen Seite bedeutet dies, dass man zunächst immer das Ziel einer Rede analysieren muss, um dann die Funktion der eingesetzten Redestrategien erklären zu können.

Zu den am häufigsten verwendeten Redestrategien gehören:

Aufwertung	Abwertung	Beschwichtigung
Die günstige Seite wird hervorgehoben, die ungünstige abgeschwächt oder verschwiegen.	Die ungünstige Seite wird hervorgehoben, die günstige verschwiegen.	Es wird Verständnis bekundet und ein Wir-Gefühl aufgebaut.
Ein Wir-Gefühl wird erzeugt, gekoppelt mit positiven Werten, dies mit Beispielen verallgemeinert.	Der Gegner wird an negative Werte gekoppelt, dies wird mit Beispielen verallgemeinert.	Der Redner macht sich zum Sprecher der Gruppe, anerkennt alle Interessen als berechtigt.
Eigennützige Ziele werden als uneigennützige ausgegeben, dabei wird an das Gemeinwohl appelliert.	Uneigennützige Ziele des Gegners werden umgedeutet, dessen Fehler ins Maßlose erhöht.	Widersprüche werden verschwiegen, allgemeine Weisheiten geäußert und offene Formulierungen verwendet.
Der eigene Verdienst wird übersteigert, Fehler den anderen zugeschoben.	Gegnerische Argumente werden verzerrt und neu definiert.	Dienst am Gemeinwohl wird bekundet.
Eine andere, abweichende Meinung wird dem gegnerischen Lager zugeordnet.		Probleme werden tabuisiert, so dass diese nicht erörtert werden können.
Es wird sich auf Zeugen berufen.		

Durch das, was jemand beispielsweise in einer Rede sagt, werden nicht nur Sachverhalte beschrieben und Behauptungen aufgestellt. Vielmehr wird mit dem Gesagten selbst eine Handlung (ein Akt) vollzogen. Dieses sprachliche Handeln wird als **Sprechakt** bezeichnet. Durch ihn kann ein Redner auf seine Zuhörer einwirken. Nun gibt es aber nicht nur eine, sondern viele Möglichkeiten, sprachlich zu handeln. Entsprechend lassen sich einzelne Sprechakte unterscheiden, so zum Beispiel wie im Folgenden:

Sprechakt	Verhältnis Redner – Zuhörer	Sprachliche Erkennungszeichen
repräsentativer Sprechakt	Redner stellt Sachverhalt dar.	*feststellen, behaupten, vorhersagen, beschreiben*
direktiver Sprechakt	Redner will den Hörer bewegen, etwas zu tun.	*auffordern, anordnen, befehlen, bitten*
kommissiver Sprechakt	Redner gibt eine Verpflichtung ab.	*geloben, drohen, versprechen*
expressiver Sprechakt	Die persönliche Befindlichkeit wird ausgedrückt.	*danken, beglückwünschen, klagen*
deklarativer Sprechakt	Im Sprechen wird eine Handlung vollzogen.	*ernennen, entlassen, taufen*

2.3 Produktives Erschließen einer Rede

Grußwort des ehemaligen Bundespräsidenten Horst Köhler anlässlich der Schillermatinee im Berliner Ensemble am 17.04.2005 in Berlin

1 [...] Wir wissen, dass der Begriff der Kulturnation, der Schiller so wichtig war, sich zunächst darauf bezog, dass Deutschland eben politisch keine einige Nation war, [...] Aber der Begriff ist dann immer mehr so verstanden worden, dass Deutschland in besonderer Weise ein Land der Kultur ist, eben das Land der Dichter und Denker.

5 Gibt es irgendeinen Grund, sich dessen zu schämen? Ich denke: nein. Wir sollten vielmehr diesen Begriff der Kulturnation neu prüfen. [...]

Ich denke zunächst an das Erbe. [...] Bleiben wir bei Schiller: Wie viel ist immer noch zu lernen von seinen Gedanken zur ästhetischen Erziehung? Wie viel ist immer wieder neu
10 zu begreifen von seinen Überlegungen zum Zusammenhang von Menschsein und Spielen? Wie viel ist immer noch in die Tat umzusetzen von seinen Gedanken zu kostbaren Begriffen wie „Anmut" und „Würde" [...] Oder nehmen wir [...] die selbstverständliche Internationalität des Autors Friedrich Schiller. Die Stoffe zu seinen Stücken nahm er aus der gesamten europäischen Geschichte und Geographie. [...]

15 Schiller besticht auch durch seine politische Leidenschaft und sein politisches Interesse. Was sind das für Stoffe! Es geht im Leben eben doch um mehr als nur den eigenen Bauchnabel und die eigene Befindlichkeit. Eine „moralische Anstalt" kann das Theater im Sinne Schillers nur sein, wenn es auch die politischen Bedingungen, unter denen die Individuen
20 leben, im Blick behält.
Wie soll man das Erbe für die Zukunft fruchtbar machen? Nun, auf alle Fälle zunächst einmal dadurch, dass man es neu bekannt macht. [so, dass Schüler am Ende sagen]: „Theater macht Spaß. Schiller ist interessant. Die Klassiker [...] das hat mit uns zu tun. Da sind Fragen und Probleme formuliert, da sind Lösungen vorgeschlagen, die gehen uns an. [...]"
25
Und welch eine Chance besteht heute für das Theater selbst! [...] Wie bekommt ein Stadttheater der Zukunft ein Publikum – in einer Stadt, in der die Hälfte der jungen Leute, die ja auch älter werden, einen Migrationshintergrund hat? Was heißt im Zuge dieser neuen Entwicklungen Weitergabe unseres kulturellen Erbes? Wie fruchtbar können Klassiker
30 sein für gesellschaftliche Integration? Für Identitätsfindung in einer kulturell gemischten Gesellschaft? Wie müssen sie gespielt werden, damit sie in ihren Problemkonstellationen als aktuell angesehen werden? [...] Die grundlegenden Konflikte zwischen Individuum und politischer Verstrickung, zwischen Pflicht und Neigung, Unterdrückung und Freiheitsverlangen, Selbstverwirklichung und Verantwortung, Ideal und Wirklichkeit – diese
35 Konflikte haben wir auch heute immer neu auszufechten. [...]

Schillers Leben und seine Werke sind ohne Zweifel ein Geschenk an die Kulturnation Deutschland. Was wir heute daraus machen, davon hängt sehr viel ab. Nicht zuletzt, ob wir auch in Zukunft ein Land sein werden, in dem kreative Köpfe und gescheite Leute zu
40 Hause sind, so dass wir immer noch mit Recht sagen können: Das ist bei uns die Regel, das fällt nicht weiter auf.

Beispielaufgabe:
Arbeiten Sie aus dem Text die Argumentationsstruktur heraus!
An Ihrer Schule wird am Ende des Schuljahres ein Treffen der Schultheatergruppen stattfinden. Verfassen Sie für die Eröffnungsveranstaltung eine inhaltlich und sprachlich eigenständige Rede, die die zentralen Aspekte der Rede Köhlers berücksichtigt. Entwickeln Sie dabei eine These zur heutigen Bedeutung des Schultheaters und ziehen Sie für Ihr Redemanuskript Ihre literaturgeschichtlichen Kenntnisse und Erfahrungen heran.
(Umfang: etwa 900 Wörter)

2.3.1   Annäherung an eine Rede

Vor jedem produktiven Umgang mit einem Text ist es notwendig, erst einmal die gedankliche Struktur des Textes zu analysieren. Erst dann knüpfen Sie mit einem eigenen Text an diese gedankliche Struktur an. Also: Analysieren Sie zunächst einmal die vorliegende Rede von Horst Köhler nach den drei bekannten Schritten:

■ Situierung,   ■ gedankliche Struktur,   ■ erkennbare Absicht.

1   **Situierung der Rede:** Beantworten Sie hierzu die Leitfragen.

a) Wer hat <u>wann</u> <u>wo</u> seine Rede aus <u>welchem</u> Anlass gehalten?
 Horst Köhler sprach am 17.04.2005 aus Anlass der Schillermatinee im Berliner Ensemble.
 (Sie liegt hier als Auszug vor.) Er eröffnete damit die Matinee.
b) Welche Fragen ergeben sich daraus?
 Welche Botschaft / welchen Auftrag richtet er an die Aktiven?

2   **Erfassen Sie nun die gedankliche Struktur der Rede.** Ermitteln Sie dazu in jedem Absatz den Kerngedanken. (Dies ergibt den roten Faden der Rede.)

1. Absatz	Begriff der Kulturnation: Land der Dichter und Denker
2. Absatz	Gedanken über Schiller: Wie viel ist aus seinen Gedanken der ästhetischen Erziehung zu lernen? Menschsein und Spielen, selbstverständliche Internationalität seiner Stoffe, politische Leidenschaft.
3. Absatz	Wie soll man das Erbe für die Zukunft nutzen?
4. Absatz	Wie findet das heutige Theater sein Publikum? Fragen der Inszenierung grundlegender Konflikte, z.B. Selbstverwirklichung und Verantwortung
5. Absatz	Zusammenfassung: Schillers Leben und Werk wird als Geschenk an die Kulturnation Deutschland betrachtet. Eigenverantwortung besteht darin, es anzunehmen.

3   **Formulieren Sie die Absicht des Redners.**
Erschließen Sie die Absicht des Redners aus der Wahl der Worte, der verwendeten Redewendungen, der deutlich werdenden Redestrategie sowie anhand der verwendeten sprachlichen Mittel.

Beispiel:
■ Viele rhetorische Fragen regen zum Nachdenken über Sinn und Zweck des Theaterspielens sowie über die Art des Umgangs mit überlieferten Werken an.
 Wie viel ist immer noch zu lernen von seinen Gedanken zur ästhetischen Erziehung? Wie viel ist immer wieder neu zu begreifen von seinen Überlegungen zum Zusammenhang von Menschsein und Spielen?
■ Die hohe Wertschätzung für Schillers literarisches Werk wird deutlich:
 Was sind das für Stoffe! (Ausruf)
■ Herausforderungen an das Theater werden formuliert:
 Wie fruchtbar können Klassiker sein für gesellschaftliche Integration?
■ Horst Köhler stellt sich einen kreativen Umgang mit diesen Werken vor, der das Ziel hat, die Tradition der Dichter und Denker fortzusetzen.
 Was wir heute daraus machen, davon hängt sehr viel ab. Nicht zuletzt, ob wir auch in Zukunft ein Land sein werden, in dem kreative Köpfe und gescheite Leute zu Hause sind.

4 Schauen Sie sich jetzt noch einmal genau die Aufgabenstellung an:

Aufgabe:
Arbeiten Sie aus dem Text die Argumentationsstruktur heraus!
An Ihrer Schule wird am Ende des Schuljahres ein Treffen der Schultheatergruppen stattfinden. Verfassen Sie für die Eröffnungsveranstaltung eine inhaltlich und sprachlich eigenständige Rede, die die zentralen Aspekte der Rede Köhlers berücksichtigt. Entwickeln Sie dabei eine These zur Bedeutung des Schultheaters heute und ziehen Sie für Ihr Redemanuskript Ihre literaturgeschichtlichen Kenntnisse und Erfahrungen heran.
(Umfang: etwa 900 Wörter)

Die **Argumentationsstruktur** haben Sie mit dem roten Faden herausgearbeitet.

Begriff der Kulturnation: Land der Dichter und Denker, Gedanken über Schiller:
- *Wie viel ist aus seinen Gedanken der ästhetischen Erziehung, Menschsein und Spielen zu lernen?*
- *Selbstverständliche Internationalität seiner Stoffe.*
- *Politische Leidenschaft.*
- *Wie soll man das Erbe für die Zukunft nutzen?*
- *Wie findet das heutige Theater sein Publikum?*
- *Fragen zur Inszenierung grundlegender Konflikte, z. B. Selbstverwirklichung und Verantwortung.*
- *Zusammenfassung: Schillers Leben und Werk wird als Geschenk an die Kulturnation Deutschland betrachtet. Eigenverantwortung besteht darin, es anzunehmen.*

Laut Aufgabenstellung sollen Sie nun die zentralen Aspekte der Rede aufgreifen und in den eigenen roten Faden integrieren.
Wählen Sie dafür aus der Argumentationsstruktur zentrale Aspekte aus. Ergänzen Sie weiterhin selbständig Gedanken, die Ihnen dazu wichtig sind.

Beispiel:

Zentrale Gedanken Köhlers	Eigene Schwerpunktsetzung
Inszenierung wichtiger Konflikte	zwischen Individuum und politischer Verstrickung, Pflicht und Neigung, Unterdrückung und Freiheitsverlangen, Selbstverwirklichung und Verantwortung sowie Ideal und Wirklichkeit.
Integration	Schüler mit Migrationshintergrund; Chance, Weltliteratur zu inszenieren.
Kulturbegriff überdenken: Merkmale von Schulkultur	Toleranz, Akzeptanz der Persönlichkeit des Anderen, gegenseitiges Geben und Nehmen, Offenheit, Vertrauen sowie Zuverlässigkeit

2.3.2   Die eigene Rede verfassen

Um eine wirkungsvolle Rede zu halten, sollten Sie sich unbedingt direkt an die Zuhörer wenden, deren Erfahrungs- sowie Erkenntnisstand beachten und vermitteln, was zu tun ist bzw. wie man sich in Zukunft verhalten sollte. Das Ganze gilt es dann noch in treffende sprachliche und rhetorische Wendungen zu verpacken.

1 **Nötige Vorüberlegungen: Klären Sie zunächst die Redesituation.**

Wann reden Sie? *Zu Schuljahresende.*
Wo reden Sie? *Auf einem Treffen von Schultheatergruppen.*
Wer sind die Zuhörer? *Darsteller bzw. Schauspieler im Schüleralter.*
Welchen Zweck verfolgen Sie? *Die Bedeutung des Schultheaters verdeutlichen.*
Welche Inhalte wollen Sie vermitteln? Zum Beispiel:

- Die Inszenierung aktueller Konflikte,
- den Spaß am darstellenden Spiel,
- die Chancen ästhetischer Erziehung,
- die Lerneffekte auf Seiten der Darstellenden,
- das Verhältnis von Schule und Spiel,
- den Beitrag des Schultheaters zur Schulkultur und zur Integration.

Welche verallgemeinernde These ergibt sich daraus über die Bedeutung des Schultheaters heutzutage? Notieren Sie diese. Z.B.: *Schultheater kann für einen ganzen Jahrgang klassenübergreifend integrierend wirken und man kann neue Freunde gewinnen.*

Formulieren Sie ein Ziel oder Anliegen der Schultheatertage. Welche guten Wünsche oder Ratschläge geben Sie den Teilnehmenden mit auf den Weg?

2 **Entwerfen Sie nun Ihre Rede**

a) Wie wollen Sie die Rede beginnen? Auf welche Art wollen Sie die Zuhörer anreden, wie auf das Thema Ihrer Rede einstimmen?
- Verehrte Anwesende, liebe Schüler, hallo Theaterspielende?
  Führen Sie die Teilnehmer zu Ihrer These über die Bedeutung des Schultheaters hin.
  Diese These muss so umfassend sein, dass Sie alle Ihre Gedanken zu den zentralen Aspekten von Horst Köhler mit unterbringen können.
b) Bringen Sie Ihre Gedanken in die richtige Reihenfolge. Sie müssen Ihre Gedanken so anordnen, dass diese Ihre These beweisen. (Siehe die Aufgabenstellung auf Seite 45!)
c) Finden Sie einen geeigneten Schluss.

3 **Überarbeiten Sie Ihre Rede ...**
- Stehen alle Gedanken in der richtigen Abfolge? Ergibt Ihre gedankliche Struktur eine innere Logik?
- Kleiden Sie Ihren Inhalt jetzt in geeignete Formulierungen. Bleiben Sie authentisch, d.h., bleiben Sie Sie selber. Stellen Sie sich z.B. einfach vor, dass Sie gerade vor den Teilnehmenden reden. Wie würden Sie Ihre Gedanken vermitteln. Notieren Sie einfach Ihre sprachlichen Wendungen / den gewählten Wortlaut. Geeignete sprachliche Mittel sind z.B. Anapher, rhetorische Frage, Metapher (siehe Seite 14 und 26). Achten Sie auch darauf, welche Schlüsselbegriffe unbedingt genannt werden sollen.

4 **... und schreiben Sie Ihre Rede abschließend ins Reine.**
Achten Sie dabei auf die gewünschte Gesamtwörterzahl bzw. die Rededauer.

2.4   Einen Essay schreiben

Dossier: Buch oder Internet – das Medium der Zukunft?

Peter Weiss: Abschied von den Eltern

1   In den Büchern trat mir das Leben entgegen, das die Schule vor mir verborgen hatte. In den Büchern zeigte sich mir eine andere Realität des Lebens als die, in die meine Eltern und Lehrer mich pressen wollten. Die Stimmen der Bücher forderten mein Mittun, die Stimmen der Bücher forderten, dass ich mich öffnete und auf mich selbst besann. Ich stöberte in der Bibliothek meiner Eltern. Das Lesen dieser Bücher war mir verboten, ich musste die Bücher heimlich entwenden
5   und die Lücken sorgsam ausgleichen [...] Das Chaos in mir von unausgegorenen Sehnsüchten, von romantischen Verstiegenheiten, von Ängsten und wilden Abenteuerträumen wurde aus unzähligen Spiegeln auf mich zurückgeworfen. [...] Im Laufe der Jahre wurde die Zwiesprache, die ich in den Büchern suchte, immer bestimmter und eindringlicher, richtete sich immer tiefer ins Persönliche, und so wurde sie auch immer seltener, denn nur wenige konnten etwas von den Dingen ausdrücken, in denen die Wurzeln des Daseins angerührt wurden. Alle Stadien meiner Entwicklung
10   hatten ihre Bücher.   (aus: Peter Weiss: Abschied von den Eltern. Frankfurt a. M., 1980. Seite 67f.)

Peter Glaser: Die Vergangenheit der Zukunft

1   Und wieder treffen dieser Tage auf der Cebit die Mitglieder einer menschlichen Spezies zusammen, die sich gerade vom Homo sapiens fortentwickelt: Die Gattung der Homo silicon-valleyer. [...] Computer und Internet erlauben uns heute, Dinge viel schneller zu tun, die überhaupt nicht getan werden müssen. Das nennt man digitale Revolution. Die Erde wird wieder zur Scheibe, diesmal dreht sie sich als planetarer Datenträger durch
5   das All. Information bewegt sich aber nicht immer nur, manchmal möchte sie sich auch irgendwo hinsetzen. In ein Buch, eine Bibliothek, auf eine Diskette.
[...] Das Internet vergisst sich selbst. Es hat kein Gedächtnis. [...] War die Höhlenmalerei der verlässlichere Datenträger? Der Stoff, aus dem Mikrochips gefertigt werden, ist geschmolzener Quarz. Die winzigen Schaltmuster auf der Oberfläche der Siliziumplättchen bedeuten so viel wie: Wir haben wieder angefangen auf Steintäfelchen zu schreiben. Im
10   Prinzip ist das ganz vernünftig, da Stein und auch Papier überaus haltbare Datenträger sind. Manche Papyrusrollen haben 3000 Jahre überdauert. Wir aber scheinen uns zu einer neuen Art von Frühmenschen zu entwickeln, die nicht mal Bilder an den Felswänden hinterlassen.   (aus: Stern vom 17.02.2000, Seite 119)

Franz Zauner: Lesen und Schreiben im Zeitalter des Internets

1   Kaffeehäuser mit Internet-Zugang sind eine Realsatire des Informationszeitalters: Im Extremfall kommen Leser und Schreiber nebeneinander zu sitzen und tippen einander stumm etwas zu, ohne zu merken, dass sie im selben Raum sitzen. [...] Weder Warzen noch Übergewicht trüben die eigene Erscheinung – man ist reiner Geist. Deshalb empfinden Leser und Schreiber an guten Tagen den Cyberspace als überaus angenehmen Ort: Er ist ein virtueller, potentiell
5   unendlicher Raum, der von Engeln bevölkert wird, die eine ideale Kommunikationsgemeinschaft bilden. [...] Die Zahl der Verstöße gegen Grammatik, Stil und guten Geschmack mag täglich in die Millionen gehen – die Zitierordnung, die in den gedruckten Büchern langsam aber sicher verkommt, ist im Usenet jedenfalls heilig. [...] Wenn jemand eine Meinung anficht, zitiert er sie zunächst fein säuberlich. Dann erst äußert er sich dazu. Der Alltag wird mit wissenschaftlicher Präzision bestritten. Fachdiskussionen können binnen Minuten durch Zuträger aus aller
10   Welt zu unübertrefflichen Informationskompendien werden [...] Das sind die Vorzüge der schriftlichen Existenzweise: Es gibt im Text keine Maske: Das, was jemand geschrieben hat, ist die Wahrheit. Was man über sich selbst sagt, ist wahr, einfach weil man es sagt. Ihr Text, das sind Sie! [...] Ich schreibe, also bin ich. [...] Wer seinen Text umschreibt, verändert sich selbst.
So viel Macht hatten die Buchstaben schon lange nicht mehr.

15   (aus: Wiener Zeitung, Beilage EXTRA vom 27.09.1996, Seite 3)

2.4.1 Vorbereiten und Verfassen eines Essays

Ein Essay ist eine schriftliche Abhandlung, in der wissenschaftliche, kulturelle oder gesellschaftliche Ereignisse betrachtet werden. Im Vordergrund steht die persönliche Auseinandersetzung mit einem Thema. Der Essay lebt von der Lust am Schreiben, der Lust am Denken, am gedanklichen Erproben von Vorstellungen und Zusammenhängen. Er ist eine Art Gedankenspaziergang, bei dem Sie schreibend Ihre Position zu einer bestimmten Fragestellung finden, denn Sie setzen sich suchend mit den Positionen anderer Autoren auseinander. Verfasst wird der Essay in einer Art lockerem Plauderton.

In der Abiturprüfung liegen Ihnen in der Regel mehrere Texte verschiedener Autoren zu einem Thema vor, das sogenannte Dossier. Zu jedem dieser Texte sollen Sie einen Abstract anfertigen.

Ein **Abstract** fasst die Problemstellung des Autors, sein Vorgehen und seine Ergebnisse knapp zusammen. Es ist vergleichbar mit einer Inhaltsangabe und gibt dem Leser einen Überblick über die grundlegenden Inhalte des betreffenden Dokuments bzw. Textes. Auf dieser Basis kann der Leser nun entscheiden, ob er den vollen Wortlaut des Dokuments lesen muss.

Ein Abstract umfasst im Fall der Abiturprüfung in der Regel zwischen 50 und 100 Wörter. Die Position des Autors wird durch indirekte Rede kenntlich gemacht.

1   **Formulieren Sie die Absicht des Redners. Erschließen Sie die Problemsituation / die Problemfrage. Lesen Sie sich dazu den jeweils vorgelegten Text des Dossiers durch.**

Beispiel:
- Erfassen Sie dessen Autor und Titel.
  Peter Weiss: Abschied von den Eltern. Autobiographische Schrift
- Markieren und formulieren Sie den Kerngedanken jedes Abschnittes mit eigenen Worten.
  Orientieren Sie sich dabei am Besten an folgenden Leitfragen:
  a) Was ist der Gegenstand der Arbeit?
  b) Unter welcher Fragestellung untersucht der Autor den Gegenstand / von welcher Position aus äußert er seine Gedanken?
  c) Zu welchen Ergebnissen kommt der Autor / welche Absicht verfolgt er?

2   **Notieren Sie die dazugehörigen Antworten in Stichworten.**

Beispiel:
- Peter Weiss findet in den Büchern eine Alternativwelt zur realen Welt,
- musste heimlich lesen,
- las je nach Altersstufe und individueller Entwicklung,
- fand schließlich immer weniger Bücher, mit denen er Zwiesprache halten konnte, weil ein erwachsener Mensch sich bestimmte Antworten nur noch selber geben zu können scheint.

3   **Formulieren Sie nun einen zusammenhängenden kurzen Text. Geben Sie die Position des Autors indirekt im Konjunktiv wieder.**

Beispiel:
Peter Weiss erzählt in „Abschied von den Eltern" von der Rolle, die Bücher für ihn gespielt haben. Er musste die ihn interessierenden Bücher aus dem Bücherschrank seiner Eltern heimlich lesen, da deren Benutzung ihm verboten war. Er fand in diesen Büchern eine alternative Welt zu der erlebten realen Welt. Deren Lektüre habe wesentlich zu seiner persönlichen Entwicklung beigetragen, da er mit ihnen auf der Suche nach den Wurzeln des Daseins Zwiesprache halten konnte. (Wörter: 72)

Verfassen Sie auf diese Weise Abstracts zu den anderen, Ihnen vorgelegten Texten des Dossiers.

4 Lesen Sie noch einmal genau das Thema durch, zu dem Sie Ihren Essay schreiben sollen. Legen Sie anschließend eine **Stoffsammlung** an. Darin sollten sich auch die Kerngedanken Ihrer Abstracts wiederfinden.

Beispiel:
- Peter Weiss nutzt Bücher zur Persönlichkeitsbildung und zur Suche nach den Wurzeln des Daseins.
- Peter Glaser kritisiert die Verfallszeit der Daten des Internets. Papyrusrollen würden die Jahrtausende überdauern, elektronische Datenträger seien nach wenigen Jahren unlesbar.
- Franz Zauner trägt positive Aspekte des Internets zusammen: Die Einhaltung der Zitierordnung, denn bevor fremde Meinungen kritisiert würden, werden sie referiert. Aufgrund der gemeinsamen virtuellen Existenz kommuniziere man viel intensiver miteinander. Jedoch: Wer seinen Text verändere, verändert seine Existenz (= Macht des Internets).
- Frage nach Bestsellerlisten und Lektürekanon im Unterricht,
- Frage nach statistischen Angaben zum Leseverhalten pro Alterstufe,
- Frage nach Nutzen und Bedeutung literarischer Werke sowie von Fachbüchern,
- Frage nach der Leistung / Nutzen des Buchs bzw. des Internets,
- Resümee in Bezug auf Fragestellung.

5 Schreiben Sie jetzt Ihren Essay!
   a) **Überlegen Sie sich einen geeigneten Einstieg** – beispielsweise, indem Sie eine rhetorische Frage stellen, eine Ellipse verwenden (siehe Seite 14) oder einen anschaulichen Vergleich aufstellen. Machen Sie den Leser auf Ihre Fragestellung, auf das Thema und auf Ihre Position neugierig.

Beispiele:
- Sind Kaffeehäuser mit Internetzugang eine Realsatire?
- Ist der Cyberspace wie ein von Engeln bevölkerter Raum?
- In Büchern trat Peter Weiss das Leben entgegen, mir auch?
- Ist die Weiterentwicklung des Homo sapiens zum Homo silicon-valleyer Realität oder doch nur Einbildung?

   b) **Formulieren Sie den Hauptteil:**
   - Formulieren Sie die Gedanken Ihrer Stoffsammlung in vollständigen Sätzen.
   - Verwenden Sie inhaltliche Gestaltungsmittel, führen Sie die Gedanken Ihrer Leser. Schweifen Sie ab, umkreisen Sie einen ganzen Fragenkomplex, wechseln Sie die Perspektiven, spielen Sie Denkmöglichkeiten durch – provozieren Sie den Leser! ABER: Achten Sie dabei immer auf den roten Faden!
   - Arbeiten Sie stilistisch abwechslungsreich. Leiten Sie die Aufmerksamkeit des Lesers durch Parallelismen, Anaphern, Fragen u.a. sprachliche Mittel. Verwenden Sie insgesamt mindestens fünf davon.

   c) **Finden Sie einen geeigneten Schluss.** Wagen Sie einen Ausblick, deuten Sie alternative Perspektiven an, beantworten Sie beispielsweise Ihre anfänglich aufgeworfenen Fragen u.ä.

   d) **Lesen Sie** Ihren Essay **Korrektur.** Wo lässt sich die Leserspannung durch differenziertere sprachliche Mittel erhöhen? Wie lässt sich der Leser stärker bzw. eindeutiger lenken? Aber: Vermeiden Sie Rechtschreib- und Grammatikfehler sowie Flüchtigkeitsfehler jeglicher Art!

2.4.2   Beispiel für ein Essay

Wozu noch lesen?

Immer häufiger stellt sich die Frage: Was soll man eigentlich noch lesen? In ihrer Zuspitzung steckt die Antwort: Wozu eigentlich noch lesen? Radio und Fernsehen präsentieren uns Nachrichten rund um die Uhr. Wir können von früh bis spät zappen, konzentriert auf Unterhaltung, Krimis, gelegentlich auch auf spannende Dokus. Wozu also noch lesen? Die Zeit ist begrenzt, Lesen kostet Zeit, aber Fernsehen auch.

Die Schule bietet uns eine Richtschnur an zu lesenden Büchern, ob wir sie annehmen, ist eine andere Sache. „Jedem Strebenden steht der ehrwürdige Bildersaal der Weltliteratur offen" – Originalton Hermann Hesse. Fragt sich nur, zu welchem Zweck und mit welchem Ziel. Irgendwo im Hinterkopf hätten wir die Vorstellung, dass wir aus einem Buch etwas lernen wollen, Erkenntnisse suchen, die wir auf andere Weise nicht erfahren konnten, Erfahrungen, die wir aus dem erfundenen Leben der Kunst für unser eigenes Leben brauchen, meint Klaus Walter in seinem Leser-Verführer (2007). Peter Weiss wird noch direkter: In den Büchern tritt das Leben mir entgegen. Wer also auf Homer, Shakespeare, Dickens, Balzac, Tolstoi, Dostojewski verzichtet, der verzichtet auf eine Begegnung mit einem Schatz menschlicher Grunderfahrungen.

So sehr sich die Welt auch verändert, und so sehr sie sich auch künftig ändern wird, Menschenleben wird bestimmt von Liebe und Hass, von Glück und Unglück, von Hoffnung und Trauer, von Geburt und Tod. In diesem Sinne heißt es Mitfühlen mit den mythischen Helden der griechischen Antike, Denkangebote aufnehmen, z.B. mit Ödipus einen eigenartigen Kriminalfall lösen, die Konsequenz der Antigone diskutieren – und sich dabei, um wieder auf Peter Weiss zurückzukommen, auf sich selbst besinnen.
In diesem Sinne haben dann auch alle Stadien der persönlichen Entwicklung ihre Bücher (Peter Weiss). Es beginnt in der Regel mit den Märchen der Gebrüder Grimm und der griechischen Sagenwelt, wechselt auf die Kinder- und Jugendliteratur im Teenageralter, bis die Bestsellerlisten entdeckt werden.

Der neueste Hit sind ja digitalisierte Bücher im A6-Format. Statt Seiten blättern nur noch Scrollen. Tausende von Büchern trüge ich auf einmal in meiner Tasche, Futter genug für viele, viele Stunden. Aber auch das wird irgendwann langweilig. So ein gebundenes Buch in der Hand hat schon etwas. Wo bleibt also die Technik, die begeistert? Möge man dabei zurückfragen. Da ist sie:
„Computer und Internet erlauben uns heute, Dinge viel schneller zu tun, die überhaupt nicht getan werden müssen" (Peter Glaser). Lohnt sich dann also diese digitale Revolution? Sie ist zum Selbstläufer geworden. Nicht nur für die Produzenten der elektronischen Kommunikation. Regelmäßiges Surfen im Internet auf der Suche nach brauchbaren oder aktuellen Informationen. Auch wenn sie, wie neulich der Fahrplan der Regionalbahn, nicht auf dem neuesten Stand sind. Aber trotzdem heißt es immer wieder: Guck doch mal im Internet nach! Da eröffnen sich plötzlich Welten. Wenn's sein muss auch das Last-Minute-Angebot für den anstehenden Sommerurlaub. Da lobe ich mir auch die schnelle Nachricht, selbst noch nachts halb zwei, ohne vielleicht ein gerade lästiges Telefonat oder die liebreizend monotone Stimme des automatischen Anrufbeantworters.

Lohnt sich lesen also noch? Ein bisschen ja: wohldosiert, als Training für die grauen Zellen, und als fast schon verpflichtenden aktuellen Blick auf brauchbare wie unnötige E-Mails. Ein bisschen aber auch nein, wenn sich der Geist in fremde Welten verliert oder im unendlichen Raum, z.B. in Kommunikationsgemeinschaften, die wie eine Seifenblase zerplatzen, sobald nur der Strom ausfällt.

3 **Aufsatzformen – die Erörterung**

3.1 **Erörterndes Erschließen ohne Textvorlage – die freie Erörterung**

Werner Bergengruen (1892–1964)

„Man sagt, es sei die Aufgabe der Dichtung, den Menschen über den Alltag hinauszuheben. Ich will die Richtigkeit dieser etwas banalen Aussage nicht bestreiten, aber sie kann missverständlich sein. Erbärmlich würde es mir erscheinen, wollte der Dichter nichts weiter, als die Menschen über die Gebrechlichkeit der Welt hinwegtäuschen; erbärmlich, wollte er sie nur für eine kleine Zeit ihre Sorgen vergessen machen." (1957)

Aufgabe:

Setzen Sie sich mit der Aussage von Werner Bergengruen auseinander. Beziehen Sie dabei Ihre Kenntnisse zur Literatur nach 1945 sowie Ihre persönlichen Rezeptionserfahrungen ein.

Jorge Luis Borges (1899–1986)

„Für mich ist auch die Literatur eine Form der Freude.
Wenn wir etwas mit Mühe lesen, dann ist der Autor gescheitert."

Aufgabe:

Das Zitat entstammt einer Vorlesungsreihe, die Borges im Herbst/Winter 1967/68 an der Universität in Harvard hielt. Erörtern Sie diese Aussage von Jorge Luis Borges. Beziehen Sie dabei Ihre Kenntnisse zu weiteren Auffassungen von Funktion und Wirkung literarischer Werke sowie Ihre persönlichen Rezeptionserfahrungen ein.

3.1.1   Erörtern – das Besondere an dieser Aufgabenart

Eine Problemstellung frei zu erörtern, bedeutet für Sie, sich selbständig zu einer Themenstellung an Gehörtes, Gelesenes sowie Wissen zu erinnern. Problemstellungen, die Sie in der Aufsatzform **freie Erörterung** bearbeiten sollen, werden in der Regel aus dem Zitat eines Autors oder eines Literaturkritikers ermittelt.

Orientieren Sie sich beim Erarbeiten Ihrer Erörterung an den folgenden fünf Schritten.

1 **Die Problemstellung erkennen:**
Lesen Sie sich das Zitat genau durch, markieren Sie dessen Kernaussagen.
Wo steckt die Hauptinformation? Welche Aussage enthält sie?

Beispiel:
Der Autor Werner Bergengruen problematisiert die Aufgabe von Dichtung. Sie solle *„den Menschen über den Alltag hinausheben"*, also allgemeingültigere Bedeutung tragen, etwas repräsentieren. Für Bergengruen klingt diese Aussage etwas *„banal"* und zu einfach, deshalb vielleicht auch missverständlich. Darum konkretisiert er, was Dichtung nicht tun soll: *„Die Menschen über die Gebrechlichkeit der Welt hinwegtäuschen"* bzw. sie *„für eine kleine Zeit ihre Sorgen vergessen machen"*.

Formulieren Sie diese Aussage nun selbst in Form einer These oder Fragestellung.
Dies ist zugleich der Ausgangspunkt Ihrer eigenen Erörterung.

Beispiel:
Die Aufgabe der Dichtung ist es, den Menschen über den Alltag hinauszuheben.

2 **Die Art der Erörterung erkennen: Ist sie beweisend oder dialektisch?**
Prüfen Sie anhand der Aufgabenstellung, was von Ihnen erwartet wird:

Aufgabe:
„Setzen Sie sich mit der Aussage von Werner Bergengruen auseinander. Beziehen Sie dabei Ihre Kenntnisse zur Literatur nach 1945 sowie Ihre persönlichen Rezeptionserfahrungen ein."

Die Aufgabenstellung verlangt von Ihnen, die Position des Autors bzw. seine Aussage zum Thema anhand des Zitates zu erschließen und mit eigenen Worten zu formulieren. Damit deuten Sie zugleich sein Zitat.

Beispiel:
Werner Bergengruen sieht die Aufgabe von Dichtung darin, mehr zu sein, als nur über die Gebrechen hinwegzutäuschen und die Sorgen des Alltags für kurze Zeit vergessen zu machen. Dichtung soll vielmehr das Allgemeine im Besonderen des menschlichen Alltags zeigen.

Die Art der verlangten Erörterung ist demnach die beweisende: Die klar definierte *„Aufgabe von Dichtung an konkreten Textbeispielen zu beweisen"* und dabei auch zu zeigen, was Dichtung nicht sein soll. (Hinweise zur linearen bzw. beweisenden Argumentation finden Sie auf Seite 18.)

Bei Jorge L. Borges ist die Problemstellung bzw. die These einfacher zu erkennen. Man solle Literatur mit Freude lesen. Legen wir einen Text entnervt zur Seite, so sei der Autor dieses Textes gescheitert. Diese Auffassung des Autors sollen Sie **erörtern**.
Die Aufgabenstellung **„Beziehen Sie dabei ihre Kenntnisse zu weiteren Auffassungen von Funktion und Wirkung literarischer Werke [...]"** ein (siehe Seite 51) erfordert, weitere Meinungen über die Wirkungsweise von Literatur vorzustellen und sie der Auffassung von Borges gegenüberzustellen. Sie sollen also Pro- und Kontra-Positionen benennen.
Der zweite Teil der Aufgabenstellung erzwingt damit die dialektische Erörterung.
(Hinweise zur dialektischen Argumentation finden Sie auf Seite 18.)

3 **Woher kommen die Argumente? Den Umfang der Argumentation erkennen.**

Lesen Sie nochmals die Aufgabenstellung durch (siehe Seite 51):

Sie grenzt die Auswahl der Texte zunächst auf Ihre persönlichen Rezeptionserfahrungen ein, also auf die Erfahrungen, die Sie selbst beim Lesen dieser Texte gesammelt haben.

■ Bei *Bergengruen* sollen Sie speziell auf Ihre Kenntnisse im Umgang mit der Literatur nach 1945 zurückgreifen. Ihre Gedanken zu dieser Literatur (Kurzgeschichten, Dramen, Kurzprosa, Romane usw.) dienen nun als Argumente zum Beweis der These über die Aufgaben der Dichtung.

■ Bei *Borges* suchen Sie nach Beispielen, die die Freude am Lesen belegen. Außerdem stellen Sie mögliche weitere Modelle zur Funktion sowie Wirkung literarischer Werke vor und veranschaulichen diese an konkreten Beispielen. Sie diskutieren damit Borges Auffassung über die Wirkung von Literatur (sie soll Freude machen). Eine zusammenfassende Frage könnte lauten, ob es die Schuld des Autors bzw. der Autorin sei, wenn Ihnen das Lesen von Literatur keinen Spaß macht.

4 **Legen Sie eine Stoffsammlung an.**

Für Borges	**Für Bergengruen**
■ Michel Foucault: *Was ist der Autor*, markiert den Text stärker am Diskurs: Keine Lust am Lesen heißt keine Lust am Diskurs. ■ Bestehende Wechselwirkung zwischen Text und Leser: Der Text entsteht erst beim Lesen durch den Leser selbst: Keine Lust am Lesen heißt, die Lesesituation ist ungünstig. ■ Unterscheidung von gehobener und Trivialliteratur: Keine Lust am Lesen heißt Unlust auf bestimmtes literarisches Niveau des Textes. ■ [...]	Aufgabe von Literatur: Den Menschen über den Alltag hinauszuheben, bedeutet, ■ bestimmte Problemsituationen verallgemeinernd zu problematisieren, ■ bestimmte Verhaltensweisen als allgemein gültig innerhalb literarischer Konflikte zu diskutieren, ■ für eine Epoche Repräsentatives literarisch gestalten (z.B. Problem von Schuld und Verantwortung im Zweiten Weltkrieg, Erlebnisse des Krieges verarbeitet in Kurzgeschichten). ■ [...]

5 **Den Aufsatz verfassen**

a) In der Einleitung:

■ Werden Sie sich über den Sinn der Einleitung klar:

Benennen Sie die Schreibsituation und das Thema der Erörterung, paraphrasieren und deuten Sie die Gedanken des Autors: Erklären Sie, wie Sie seine Grundaussage verstehen und entwickeln Sie daraus die These / Problemstellung Ihrer Erörterung, skizzieren / deuten Sie an, wie Sie die Problemstellung bearbeiten wollen: linear oder dialektisch.

b) Im Hauptteil:

■ Argumentieren Sie anhand Ihrer gesammelten Materialien sinnvoll und logisch.

c) In der Zusammenfassung:

■ Wiederholen Sie die wichtigsten Argumente des Hauptteils und beantworten Sie damit die aufgeworfene Problemstellung.

Modelle zur Funktionsweise von Texten / Literatur

a) Rezeptionsästhetischer Ansatz: Literatur entsteht beim Lesen durch den Leser

Die so genannte Rezeptionsästhetik geht von den Gewohnheiten des Lesers aus. Dessen Erwartungshorizont bestimmt demnach den Prozess des Sinnverstehens von Literatur: Vor dem Hintergrund seiner persönlichen Leseerfahrungen entscheidet er aktiv über die Aktualität alter Werke, wie z.B. von Goethe, Lessing, Grimmelshausen, Fontane, Büchner usw. Wie intensiv ein Leser ein Werk aufnimmt, hängt von seiner ästhetischen Distanz ab – also von seinen gewohnheitsmäßigen Erwartungen und dem aktuellen Leseerlebnis. Eine geringe ästhetische Distanz zwischen Erwartungshorizont und Werk bewirke eine eher genießende Haltung des Lesenden, eine große Distanz fordere stärkere (geistige) Aktivität und Mitwirkung. Die Lektüre neuer literarischer Texte (mit zum Teil unbekannten strukturellen Mustern) bewirkt einen Horizontwandel bei den Lesenden.

(vergleiche hierzu: K.-M. Bodgdal (Hg.): Neue Literaturtheorien. Eine Einführung, Opladen 1990, S. 176f.)

b) Michel Foucault: Was ist ein Autor?

Michel Foucault gilt als Begründer der so genannten Diskursanalyse, die den Zusammenhang von sprachlichem Handeln und sprachlicher Form, sowie den Zusammenhang zwischen sprachlichem Handeln und gesellschaftlichen Strukturen untersucht.

Literatur zu lesen und darüber nachzudenken bestimmt den literarischen Diskurs. Dessen kleinste Einheit ist die Aussage. Wird eine Aussage inhaltlich sachlich sinnvoll zum richtigen Zeitpunkt am richtigen Ort und passend zu einem ganz bestimmten Thema innerhalb eines bestimmten Kontextes verwendet, so wird sie von den Diskursteilnehmern als sinnvoll betrachtet. So kann beispielsweise die Aussage „1 künstliche Wand, schallschluckend" Bestandteil eines Polizeiprotokolls oder eines politischen Dialogs über Möglichkeiten zur Verringerung von Lärmbelästigung sein, aber auch Gegenstand eines Gedichtes. Eine solche Aussage kann von unterschiedlichen Personen getroffen und so in die Diskussion eingebracht werden. Für Foucault verschwindet damit die (heilige) Instanz des Autors. Für die Literatur bedeutet dies, dass nicht der Autor entscheidend ist, sondern wie bestimmte Themen und Problemstellungen erzählerisch aufgegriffen und durchdiskutiert werden und wie intensiv der Leseprozess in den öffentlich geführten Diskurs mündet.

(vergleiche hierzu: K.-M. Bodgdal (Hg.): Neue Literaturtheorien. Eine Einführung, Opladen 1990, S. 31f.)

c) Theodor Fontane: Was soll ein Roman?

„Er soll uns […] eine Geschichte erzählen, an die wir glauben. Er soll zu unserer Fantasie und unserem Herzen sprechen, Anregungen geben, ohne aufzuregen; er soll uns eine Welt der Fiktion auf Augenblicke als eine Welt der Wirklichkeit erscheinen, soll uns weinen und lachen, hoffen und fürchten, am Schluss aber empfinden lassen, teils unter lieben und angenehmen, teils unter charaktervollen und interessanten Menschen gelebt zu haben, deren Umgang uns schöne Stunden bereitete, uns förderte, klärte und belehrte […] Der Roman soll ein Bild der Zeit sein, der wir selber angehören, mindestens die Widerspiegelung eines Lebens, an dessen Grenze wir selbst noch standen, […] Der moderne Roman soll ein Zeitbild sein, ein Bild seiner Zeit. […] Aufgabe des modernen Romans scheint mir die zu sein, ein Leben, eine Gesellschaft, einen Kreis von Menschen zu schildern, der ein unverzerrtes Widerspiel des Lebens ist, das wir führen."

(in: Theodor Fontane: Sämtliche Werke, Bd. 3/1, Hanser Verlag, 1969, S. 316f.)

Die textgebundene Erörterung

Arbeitslos und glücklich.
Ein Manifest behauptet: Man kann auch ohne Arbeit leben

von Peter Millian

1   NÜRNBERG – Ralf Arnold hat eine Vision: Arbeitslose mögen doch bitte
gesellschaftlich genauso geachtet sein, wie es Bettler im Mittelalter waren.
Keinem Menschen wäre es einstmals eingefallen, dem Almosenempfänger in
Lumpen und mit Standesbewusstsein Schmarotzertum zu unterstellen.

5   Warum also sollten heutige Arbeitslose als solche hingestellt werden?
Dass der 30-jährige Nürnberger so denkt, hat zwei Gründe. Einen logischen,
der da lautet: In einer Gesellschaft mit fast vier Millionen Arbeitslosen gibt es
offenbar nicht genug Arbeit zu verteilen – also muss sich der Arbeitslose nicht
auch noch selbst für seinen Status verantwortlich machen. Der zweite Grund

10   ist historischer Natur: Die Arbeit als Lohnarbeit – mit der Abhängigkeit vom
Geld als wichtigster Unterhaltsquelle und ohne Rücksicht auf den konkreten
Inhalt – ist eine relativ neue geschichtliche Erscheinung, die sich erst mit der
Industrialisierung als verbindliches Gesellschaftsmodell durchgesetzt hat.
Diese Überlegungen sind dem Nürnberger – Vater zweier Kinder und heute

15   „hauptberuflich" Hausmann und Student – allerdings nicht ganz von alleine
zugefallen. Auf die Sprünge geholfen haben ihm die „Glücklichen Arbeitslosen" aus Berlin. Diese Gruppe – offenbar überwiegend akademischer – Arbeitsloser ist mit einem mittlerweile über 150 000-mal angeforderten Manifest
an die Öffentlichkeit gegangen, das den schönen Titel Müßiggangster trägt.

20   Warum, so fragt das Manifest, muss man Arbeitslosigkeit denn als Unglück
begreifen, wenn man endlich der täglichen Fron des Geldverdienenmüssens
entronnen ist und entdeckt, dass der Mensch auch noch andere Fähigkeiten
hat, die er bislang bloß aus Zeitmangel nicht entfalten konnte? [...]
„Es geht nicht darum, die eigene privilegierte Situation leugnen zu wollen, es

25   geht darum, dass endlich mal die Verkrustungen – reale wie gedankliche –
aufgebrochen und Denkanstöße gegeben werden. Es kann einfach nicht sein,
dass man nur eine Existenzberechtigung hat, wenn man entweder eine Lohnarbeit hat oder sich um eine solche bemüht."
Auf den feinen Unterschied zwischen „Arbeit" und „Lohnarbeit" legen Arnold

30   und die „Glücklichen Arbeitslosen" schon Wert, eröffnet dieser Unterschied
doch eine andere Sichtweise: „Es gibt jede Menge sinnvoller Tätigkeiten, die
nicht den Charakter von Lohnarbeit annehmen" – eine Sichtweise, die sich
längst in philosophisch-soziologischen Modellen rechter wie linker Vordenker
niedergeschlagen hat.

(in: Nürnberger Nachrichten vom 13. Oktober 1998)

Beispielaufgabe

Analysieren Sie den vorliegenden Artikel „Arbeitslos und glücklich" von Peter Millian.
Setzen Sie sich mit den zentralen Positionen des Autors kritisch auseinander.

3.2.1   Die Aufgabenart verstehen

Die textgebundene Erörterung ist wohl am leichtesten zu schreiben, da Sie Ihre Erörterung mit den Argumenten aufbauen können, die Ihnen der vorliegende Text liefert. Dies setzt allerdings voraus, dass

- Sie zunächst die Hauptinformationen des Textes erfassen,
- dessen Argumentationsstruktur erkennen,
- Sie sich auffällige sprachliche Mittel des Textes bewusst machen.

Anschließend ermitteln Sie die zentrale Position des Autors und suchen nach Argumenten, mit denen Sie auf die Position des Autors reagieren.

Die Aufforderung in der Aufgabe auf Seite 55, sich **kritisch** mit der Position des Autors auseinanderzusetzen, zwingt Sie zu einer **dialektischen Erörterung**: Sie müssen die Position des Autors diskutieren. Sinnvoll erscheint dabei die Anwendung des Pingpong-Prinzips (siehe hierzu Seite 19).

3.2.2   Erschließen des vorliegenden Textes

Um sich einen Text für die textgebundene Erörterung zu erschließen, gehen Sie wie folgt vor:

1   Ermitteln Sie Autor, Titel, Erscheinungsjahr, Thema des Textes.

Der Autor Peter Millian schreibt einen Kommentar zum Thema „Arbeitslos und glücklich". Ein Manifest behauptet: Man kann auch ohne Arbeit leben. Erschienen ist der Text in den Nürnberger Nachrichten vom 13. Oktober 1998.

2   Formulieren Sie Fragen, die sich an den Text richten.

Beispiel:
(a) Wie heißt das Manifest?
(b) Wie wird begründet, dass man auch ohne Arbeit leben kann?
(c) Welche Bedeutung wird der Arbeit zugewiesen?
(d) Wie funktioniert das: Arbeitslos und glücklich?

3   Erschließen Sie die Hauptinformationen des Textes.

- Die zentrale Fragestellung lautet: Warum werden Arbeitslose immer noch gesellschaftlich geächtet und dürfen sich nicht glücklich fühlen?

NÜRNBERG – Ralf Arnold hat eine Vision: <u>Arbeitslose mögen doch bitte gesellschaftlich genauso geachtet sein, wie es Bettler im Mittelalter waren.</u> Keinem Menschen wäre es einstmals eingefallen, dem Almosenempfänger in Lumpen und mit Standesbewusstsein Schmarotzertum zu unterstellen. Warum also sollten heutige Arbeitslose als solche hingestellt werden? [...] Warum, [...], muss man Arbeitslosigkeit denn als Unglück begreifen, [...]

Antwort auf Frage (c)

Diese Fragestellung wird am Beispiel des arbeitslosen Nürnbergers Ralf Arnold veranschaulicht: Er hat zwei Kinder und ist hauptberuflich Hausmann und Student und empfindet seine „Arbeitslosigkeit" nicht als Unglück.

- Arbeitslosigkeit kann als Folge daraus interpretiert werden, dass die Gesellschaft nicht genug Arbeit zu verteilen hat. Auf der anderen Seite aber hat sich Arbeit in Form von Lohnarbeit als verbindliches Gesellschaftsmodell durchgesetzt.

In einer Gesellschaft mit fast vier Millionen Arbeitslosen <u>gibt es offenbar nicht genug Arbeit zu verteilen</u> – also muss sich der Arbeitslose nicht auch noch selbst für seinen Status verantwortlich machen. Der zweite Grund ist <u>historischer</u> Natur: <u>Die Arbeit als Lohnarbeit</u> [...] ist eine relativ neue geschichtliche Erscheinung, die sich erst mit der Industrialisierung <u>als verbindliches Gesellschaftsmodell durchgesetzt hat.</u>

■ Das Manifest „Müßiggangster" setzt dagegen: Lohnarbeit schafft Zeitmangel, engt die freie Entfaltung der Persönlichkeit ein. Ziel dieses Manifests ist es, Denkanstöße zu geben und darauf hinzuweisen, dass es auch viele sinnvolle Tätigkeiten gibt, die nicht bezahlt werden.

Warum, so fragt das Manifest, muss man <u>Arbeitslosigkeit denn als Unglück begreifen</u>, wenn man endlich <u>der täglichen Fron des Geldverdienenmüssens</u> entronnen ist und entdeckt, dass der Mensch auch noch <u>andere Fähigkeiten</u> hat, die er bislang bloß aus Zeitmangel nicht entfalten konnte? […] Es kann einfach nicht sein, dass man nur eine <u>Existenzberechtigung</u> hat, wenn man entweder eine <u>Lohnarbeit</u> hat oder sich um eine solche bemüht."

Es gibt jede Menge <u>sinnvoller Tätigkeiten</u>, die nicht den Charakter von Lohnarbeit annehmen".

◀ Antwort auf Frage (a)

◀ Antwort auf Frage (b)

Problematisch bleibt nur, dass zwischen Arbeit und Lohnarbeit unterschieden werden muss und der „glückliche" Arbeitslose Ralf Arnold letztendlich als Hausmann finanziell versorgt ist.

Auf den feinen Unterschied zwischen „Arbeit" und „Lohnarbeit" legen Arnold und die „Glücklichen Arbeitslosen" schon Wert, eröffnet dieser Unterschied doch eine andere Sichtweise […]

4 Ergründen Sie die zentrale Position des Autors.

Beispiel:

Durch eine Reihe sprachlicher Mittel deutet Peter Millian an, dass er mit der Position des Hausmanns und Studenten nicht ganz einverstanden ist. Zum einem verweist er in leicht spöttischem Ton darauf, dass die Überlegungen zur Arbeit dem Studenten und Vater *„allerdings nicht ganz von alleine zugefallen* [sind]" (Z.15) und dass das Manifest *„den schönen Titel Müßiggangster trägt."* (Z.19). Ebenso stellt Peter Millian spitz fest, dass auch die *„Glücklichen Arbeitslosen" „Auf den <u>feinen</u> Unterschied zwischen ‚Arbeit' und ‚Lohnarbeit'"* (Z.29) Wert legen. Auf der anderen Seite relativieren Einschübe immer wieder Aussagen oder stellen diese zumindest in Gegenposition: *„*[…] – <u>Vater zweier Kinder und heute ‚hauptberuflich' Hausmann und Student</u> – […]" (Z.15); *„Diese Gruppe – offenbar überwiegend akademischer – Arbeitsloser […]"* (Z.17); *„*[…] Verkrustungen – reale wie gedankliche – aufgebrochen und Denkanstöße gegeben werden" (Z.25).

Daraus lässt sich schließen, dass der Autor der Position von Ralf Arnold zumindest kritisch gegenübersteht, da sie nur bestimmte, privilegierte Personenkreise betrifft.

5 Ermitteln Sie Ihre eigene Position zu den jeweiligen zentralen Positionen (Beispiel).

Zentrale Positionen	Eigene Meinung (Beispiel)
Die Lohnarbeit ist das verbindliche Gesellschaftsmodell und liefert die finanzielle Existenzgrundlage.	Das gänzliche Fehlen von Einkünften ist für den Einzelnen sehr problematisch bzw. bedrohlich.
Dass nicht ausreichend Lohnarbeit für alle vorhanden ist, sollte bei Arbeitslosen nicht dazu führen, sich unglücklich zu fühlen.	Hausmann kann sich diese Position leisten, da er durch seine Frau finanziell abgesichert ist. Die Situation von Langzeitarbeitslosen und Hartz-IV-Empfängern ist dagegen kritisch, hat psychische Auswirkungen und führt zur sozialen Ausgrenzung.
Existenzberechtigung besteht nicht nur bei Ausübung von Lohnarbeit; auch andere Arbeit kann zu einem erfüllten Leben führen.	Dies ist nur zutreffend, wenn die Existenzgrundlage gesichert ist.

3.2.3 Eine textgebundene Erörterung verfassen

1 Jeder Aufsatz benötigt eine **Einleitung**. Unter Umständen können Sie sich auf einen konkreten Anlass beziehen, im Allgemeinen wählen Sie aber die „klassische" Variante, indem Sie darauf verweisen, dass

- das gewählte Thema immer wieder heiß diskutiert wird,
- der betreffende Autor, in diesem Fall Peter Millian, dazu eine relevante Fragestellung aufgeworfen hat,
- Sie sich mit dieser Fragestellung argumentativ auseinandersetzen werden.

Beispiel:

Der Umgang mit der Arbeitslosigkeit wird immer wieder heiß diskutiert. Auch der Autor Peter Millian hat sich zu der Fragestellung geäußert, wie Arbeitslosigkeit zu bewerten sei. Im Folgenden werde ich mich nun argumentativ mit seinen Gedanken auseinandersetzen

2 **Die Basis eines jeden Aufsatzes bildet die Stoffsammlung.** Bei der textgebundenen Erörterung gehen Sie von Ihren Stichworten und Notizen aus, die Sie bei der Analyse des Textes angefertigt haben (siehe Seite 56–57). Diese sortieren Sie, je nachdem,

- ob Sie die Argumentation des Autors stützen oder durch Gegenargumente (Antithesen) relativieren wollen.
- welche Argumente und Begründungen oder Beispiele ergänzt werden sollen.
- welche Argumente fehlen, aus Ihrer Position aber zur übergeordneten Aufgabenstellung/Fragestellung gehören.

Beispiel für eine Stoffsammlung:

- Welche Arten von Arbeit werden angesprochen?
- Faulenzer versus Weiterbildung ohne Einstiegschance.
- Lohnarbeit mit fehlender Selbstverwirklichung, ohne persönlichkeitsbildende Inhalte.
- Was macht die Arbeitslosigkeit aus dem Menschen, wie wirkt sie sich auf sein Selbstbild aus?
- Welche Alternativen, neben den vom Autor vorgeschlagenen Tätigkeiten, gibt es, um die Würde des Menschen zu erhalten? Z.B. Ehrenämter, Babyurlaub, gemeinnützige Tätigkeit.

3 **Strukturieren Sie nun den Hauptteil.**
a) Sie geben zunächst paraphrasierend, zusammenfassend bzw. zitierend die Argumentationsstruktur des vorgelegten Textes wieder.

Beispiel:

Der Autor Peter Millian stellt zunächst Ralf Arnold mit seiner Vision „auch Arbeitslose mögen bitte geachtet sein" vor, um im zweiten Absatz Gründe für dessen Art Denken zu benennen. Der eine Grund ist logischer Natur: In einer Gesellschaft mit vier Millionen Arbeitslosen gebe es offenbar zu wenig Arbeitsplätze. Der zweite ist historisch fundiert. Im Zeitalter der Industrialisierung verfestigte sich das Gesellschaftsmodell von Arbeit als Lohnarbeit, die gleichzeitig zu gesellschaftlicher Anerkennung führt. Der Autor stützt Arnolds Vision ferner durch Informationen über dessen soziale Situation. Arnold ist Hausmann und Familienvater und finanziell durch seine Frau abgesichert. Hier lässt der Autor aber durch die Wahl seiner sprachlichen Mittel erkennen, dass Arnold diese Position wohl nur aufgrund seiner privilegierten Situation beziehen kann. Abschließend verweist der Autor auf Arnolds Ziele, die dieser mit seiner Vision verbindet: Denkanstöße zu liefern, den Sinn der Existenz in Form von Lohnarbeit zu hinterfragen und auszuweiten auf „jede Menge sinnvoller Tätigkeiten, die nicht den Charakter von Lohnarbeit annehmen". Millian kommentiert diesen Gedanken abschließend dahingehend, dass sich diese Sichtweise/Forderung Arnolds bereits in philosophisch-soziologischen Modellen rechter wie linker Vordenker niedergeschlagen habe. Aber auch hier lässt der Autor sprachlich erkennen, dass diese Modelle eher der Theorie als den realen Zuständen zuzuordnen sind.

b) **Sie relativieren diese Argumentationsstruktur: Greifen Sie nacheinander jeweils eine zentrale Position auf und stellen Sie Ihre Argumente dagegen.** Sie argumentieren also nach dem Pingpong-Prinzip (siehe hierzu Seite 19). Reflektieren Sie gegebenenfalls auch Widersprüche in der Argumentation des Autors.

Beispiel:

Der vom Autor zitierte Arnold behauptet, es müsse „jede Menge sinnvoller Tätigkeiten [geben], die nicht den Charakter von Lohnarbeit annehmen" (Z. 31). Er selbst liefert ein Beispiel als Hausmann und Familienvater, in anderen Bereichen könnte dies beispielsweise durch ein Ehrenamt erfolgen. Man erfahre somit Anerkennung durch die Erziehung von Kindern, ohne dabei Lohnarbeit auszuführen. Allerdings ist eine solche Position nur bei entsprechender finanzieller Absicherung möglich, da sonst ein Leben am Existenzminimum droht.

Sein Gedanke, man müsse sich als Arbeitsloser keine Selbstvorwürfe machen, lässt sich sowohl bestätigen als auch widerlegen. Einerseits betrifft dies zumindest Arbeitslose, die unverschuldet arbeitslos wurden. Auf der anderen Seite ist fraglich, ob eine solche Haltung auch von solchen Menschen eingenommen werden sollte, die sich bewusst in die „soziale Hängematte legen" – wobei wohl anzunehmen ist, dass gerade diese Menschen sich keine Selbstvorwürfe machen.

Dass man nicht nur eine Existenzberechtigung habe, „wenn man entweder eine Lohnarbeit hat oder sich um solch eine bemüht [...]" (Z. 27), ist eine zentrale These, die in ihrer reinen Form sicherlich unstrittig ist. Wie aber der Autor selbst mit seinen Zwischentönen zum Ausdruck bringt, kann sich nur eine Person in privilegierter Position so darauf berufen, denn schnell kann das Fehlen von Einkünften die Existenz selbst gefährden.

4 **Wie schreibt man einen aussagekräftigen Schluss?**

Sie beantworten darin die Aufgabenstellung bzw. die in der Einleitung aufgeworfene Ausgangsfrage. Erinnern Sie dazu an das jeweils schlagkräftigste, überzeugendste Argument.

Formulieren Sie zusammenfassend die Position des Autors sowie Ihre eigene; diese kann relativierend, stützend oder ablehnend sein.

Erweitern Sie gegebenenfalls den Problemhorizont, indem Sie auf andere Autoritäten, Texte oder Abhandlungen zur Fragestellung verweisen.

Beispiel:

Die zentrale Frage, ob man arbeitslos und gleichzeitig glücklich sein kann, beantwortet der Autor nicht abschließend. Das von ihm dargestellte Beispiel des Hausmanns und Studenten Ralf Arnold lässt diesen Schluss zu. Allerdings weist der Autor durch die Wahl seiner sprachlichen Mittel darauf hin, dass dies wohl nur in einer privilegierten Situation möglich ist. Auch ich teile diese Meinung, denn sollten keine Einkünfte vorliegen, so kann Arbeitslosigkeit schnell als bedrohlich empfunden werden und das Leben unangenehm einschränken. Ob sich dieses Gefühl durch die Ausübung anderer Tätigkeiten wirklich abschalten lässt, hängt wohl vom Einzelfall ab. Gleichzeitig gilt es zu beachten, dass die aktuelle Sozialgesetzgebung Arbeitslosen weitaus weniger (finanziellen) Spielraum lässt, als es noch vor rund 10 Jahren der Fall war. Arbeitslosigkeit hat dadurch für viele einen weitaus existenzbedrohenderen Charakter als für den finanziell abgesicherten Studenten Arnold.

5 **Lesen Sie Ihren fertig geschriebenen Aufsatz abschließend Korrektur.**

- Ist Ihr Gedankengang nachvollziehbar (logisch aufgebaut)?
- Sind die Rechtschreibfehler korrigiert?
- Sind alle Bezüge zum Text richtig hergestellt?
- Weiß der Leser an jeder Stelle des Aufsatzes, in welchem Teil der Gliederung er sich gerade befindet?
- Haben Sie darauf geachtet, ihn mit entsprechenden Formulierungen zu leiten? (Siehe hierzu Seite 60.)

3.2.4 Hilfreiche Formulierungen für die textgebundene Erörterung

Einleitung	■ Im Text wird ... erörtert ■ Der Autor setzt sich mit der Frage auseinander ... ■ Der Text befasst sich mit der Fragestellung ... ■ Die Autorin untersucht ...
Hauptteil	■ Die Autorin geht von der These aus ... / geht davon aus, dass ... ■ Der Autor ist der Überzeugung, dass ... ■ Sie / er sagt aus / behauptet, dass ... ■ Der Autor stellt sich die Frage ... / geht von der Frage aus ... ■ Der Autor nimmt an, dass ...
Wortschatz zur Wiedergabe eines Arguments	■ Der Autor betont / hebt hervor / stellt heraus, bekräftigt, zeigt auf ... ■ Als Gründe macht der Autor geltend, ... / führt er an, ... / nennt er ... ■ Er führt (etwas) zurück auf ... / Der Autor begründet seine Meinung mit ... ■ Die Ursache sieht er darin, dass... ■ Sie stützt sich dabei auf ... / sie zitiert ... / er erinnert an ... ■ Der Autor erläutert / verdeutlicht / veranschaulicht
Kennzeichnung von Zustimmung	■ Er hält es für richtig, dass ... ■ Er befürwortet / bestätigt / unterstützt / bejaht / gibt (jemandem) Recht / teilt die Überzeugung, dass ...
Kennzeichnung von Widerspruch	■ Der Autor stellt ... infrage / hält es für bedenklich, dass ■ Der Autor widerspricht ... / warnt vor ... / verurteilt .../ weist zurück / lehnt ab / entkräftet / wendet ein / bestreitet, dass ... /hält entgegen
Kennzeichnung von Einräumung	■ Der Autor räumt ein, dass ... / hält den Einwand für berechtigt, gibt aber zu bedenken ■ Es ist für die Autorin nicht von der Hand zu weisen, dass ...
Zusammenfassung	■ Für den Autor hat das zur Folge, dass ... / ■ Die Autorin zieht den Schluss ... / Daraus ergibt sich für sie ... / Er kommt zu dem Ergebnis ■ Er regt an .../ empfiehlt... / hält es für unumgänglich / unerlässlich / unabweisbar / dringlich

3.3 Die literarische Erörterung

Aufgabe:

Zeigen Sie an einem literarischen Text, wie Personen, Gruppen oder Institutionen sich über Gefühle, Interessen oder Rechte einzelner Menschen hinwegsetzen.

Wie reagieren die Betroffenen darauf? Bietet der Autor eine Lösung für die dargestellten Missstände an?

Aufgabe:

Die Verantwortung des Wissenschaftlers im Drama von Dürrenmatt „Die Physiker" und Brecht „Leben des Galilei".

Zeigen Sie vergleichend, inwieweit die Hauptfiguren ihre Verantwortung als Wissenschaftler gegenüber der Gesellschaft wahrnehmen und welche Konsequenzen Sie daraus ziehen.

Aufgabe:

Frauengestalten in der Literatur des 19. und 20. Jahrhunderts.

Zeigen Sie an einem Roman oder Drama, wie Frauen gesellschaftliche Bedingungen und Erwartungen erfahren und wie sie darauf reagieren.

Eine literarische Erörterung verfassen

Jedes literarische Werk behandelt ein Thema – eine **Problemstellung** – und versucht, dieses auf ästhetische Weise zu gestalten. Sinn und Zweck einer literarischen Erörterung ist es deshalb, diese Problemstellung aufzuzeigen, zu diskutieren und zu reflektieren.

Dazu benötigen Sie gründliche Kenntnisse über das jeweilige literarische Werk. Sie sollten daher informiert sein über:
- die Handlungsstruktur,
- Personenkonstellationen und Charakterisierungen der Hauptpersonen,
- die Konfliktsituation sowie die Konfliktentwicklung,
- Motivstrukturen und auffällige ästhetische Gestaltungsmittel,
- die Entstehungszeit des Werkes sowie ggf. über biographische Hintergründe,
- die literaturhistorische Einbettung in eine bestimmte Epoche sowie über Epochenmerkmale.

Die **Prüfungsaufgabe** ist in der Regel so allgemein formuliert, dass Sie die genannte Problemstellung anhand der unterschiedlichsten Werke diskutieren und veranschaulichen können.

Als Gegenstand einer literarischen Erörterung dienen in der Regel Romane bzw. Dramen. Sie bieten ausreichend Material, um eine gesellschaftlich relevante Problemstellung grundlegend und erschöpfend, dabei zugleich anschaulich zu erörtern.
Der Text wird Ihnen in der Prüfungssituation jedoch kaum als Ganzes zur Verfügung stehen. Deshalb sollten Sie sich grundlegende, besonders wirkungsvolle, für den Handlungsverlauf und die Problemlösung prägnante Formulierungen direkt als Zitate merken. Im Aufsatz geben Sie diese Zitate dann aber indirekt wieder. Das erspart Ihnen die Seitenzahl einer konkreten Textausgabe angeben zu müssen. Damit beweisen Sie gleichzeitig, dass Sie das Werk tatsächlich gelesen haben und somit funktional argumentieren können.

Gehen Sie also wie folgt vor:

1 Erschließen Sie das Thema der **Prüfungsaufgabe**. Welche **Schlüsselbegriffe** enthält es?
Wie viele Teilaufgaben werden gestellt?
Hinweis: Jede Teilaufgabe erfordert einen eigenen Gliederungspunkt. Stellen Sie jeweils fest, welche Art von Erörterung pro Teilaufgabe verlangt wird: die beweisende oder die diskutierende Erörterung? Erstellen Sie eine entsprechende Grobgliederung.

> **Beispiel:**
> Frauengestalten in der Literatur des 19. Jahrhunderts am Beispiel von Effi Briest.
> - kurze Angabe des Inhalts.
> - Problemstellung: ...
> - Welche gesellschaftlichen Bedingungen liegen für die Romanfigur vor?
> - Welche gesellschaftlichen Erwartungen bestehen?
> - Wie reagiert Effi auf die gesellschaftlichen Erwartungen?
> - Möglich wäre auch eine Bezugnahme auf die Tragödie „Maria Magdalena" von Friedrich Hebbel. An diesem Thema ließe sich einerseits die soziale Herabsetzung der Frau, andererseits ihre Art der Selbstbehauptung bzw. Emanzipation darstellen.

2 **Sammeln Sie nun passend zum Thema das nötige Material.** Legen Sie also wieder eine Stoffsammlung an. Ordnen Sie die Materialien sofort, indem Sie sich dazu an Ihrer Grobgliederung orientieren. Sind Ihre Materialien zugeordnet, haben Sie bereits die **Feingliederung** erstellt.

Beispiel:

Kurze Angabe des Inhalts:

Effi heiratet in jungen Jahren den Baron von Instetten, einen 21 Jahre älteren Mann, und zieht mit ihm ins ländliche Kessin in Hinterpommern. Dort vereinsamt sie in dessen großem Haus. Voller Phantasie ob der nächtlichen Geräusche verharrt sie in Angst, vermisst aber auch zwischenmenschliche Wärme in ihrer Liebesbeziehung. Sie geht deshalb eine Beziehung zu Major von Crampas ein. Der dazugehörige Briefwechsel wird Jahre später von Instetten entdeckt. Sein Ehrgefühl zwingt ihn zum Duell mit Crampas und zur Verstoßung von Effi, die inzwischen Mutter eines Kindes ist und zu ihren Eltern zurückkehrt. Dort verstirbt sie.

Problemstellung:

Effi Briest geht an den gesellschaftlichen Erwartungshaltungen ihrer Zeit zugrunde.

Welche gesellschaftlichen Bedingungen liegen für die Romanfigur vor?

Effi Briest ist die Tochter eines preußischen Adligen und wird gemäß der Gepflogenheiten mit einem gesellschaftlich angesehenen, aber 21 Jahre älteren Mann verheiratet; zwischenmenschliche Spannungen sind aufgrund unterschiedlicher Erwartungen, Denkmuster und Verhaltensweisen vorprogrammiert.

Welche gesellschaftlichen Erwartungen bestehen?

Sie soll die treu sorgende Ehefrau sein, die ihren Ehemann in der Gesellschaft repräsentiert. Ihr Seitensprung führt im Sinne der „Ehre" zum Duell der beiden Männer.

Wie reagiert Effi auf die gesellschaftlichen Erwartungen?

Sie ist sehr romantisch und sehr verspielt, sucht daher Gesellschaft, die ihr ihr Ehemann nicht bieten kann. Da sie in Kessin vereinsamt, verschafft sie sich mit einer Beziehung zu Crampas Abwechslung. Ihr Briefwechsel verrät sie beide. Effi leidet unter dem daraus resultierenden Entzug ihres Kindes, kehrt zwar später zu ihren Eltern zurück, stirbt aber an gebrochenem Herzen, weil sie von ihrer Tochter entfremdet ist.

3 **Verfassen Sie nun die literarische Erörterung.** Der Anfang ist immer am schwersten. Er besteht immer aus drei Gedanken (Sätzen): Anlass – Thema / Problemstellung – Vorgehen.

Sie können sich auf einen aktuellen Anlass beziehen oder „klassisch", also unpersönlich starten:

- Benennen Sie das Werk, geben Sie dessen Inhalt kurz und knapp wieder, damit jeder Leser sofort weiß, worum es im Großen und Ganzen geht.
- Deuten Sie gegebenenfalls typische Merkmale und Probleme der Entstehungszeit des Werkes an, die für das Verständnis von Bedeutung sind.
- Benennen und reflektieren Sie die Aufgabenstellung.
- Abschließend zeigen Sie auf, auf welchem Weg Sie die in der Aufgabenstellung enthaltene Problemfrage klären wollen.

4 **Verfassen Sie den Hauptteil.** Formulieren Sie die Gedanken aus der Stichwortsammlung, gegliedert in vollständigen Sätzen.

5 **Mit einem gelungenen Schluss runden Sie Ihren Aufsatz ab.**

- Sie greifen die Problemstellung aus der Einleitung wieder auf und beantworten sie mithilfe der überzeugendsten Argumente aus Ihrem Hauptteil.
- Sie reflektieren die Wirkung des Werkes auf die Nachwelt oder die Zeitgenossen des Autors.
- Sie erweitern die Interpretation um Aussagen des Autors.
- Sie weiten die Fragestellung aus.

3.3.2 **Übersicht zur Vielfalt erzählender Texte (Prosa)**

■ **Fabel:**

Es sprechen und handeln meistens Tiere, die menschliche Charaktereigenschaften verkörpern und als feststehende Typen dargestellt werden.

■ **Satire:**

Spottdichtung, die mittels Verzerrung, Verfremdung und Ähnlichem Kritik an menschlichen Schwächen und Lastern oder gesellschaftlichen Missständen übt.

■ **Anekdote:**

kurze, meist witzige, pointierte Geschichte, die eine bekannte Persönlichkeit blitzlichtartig charakterisiert.

■ **Märchen:**

fantastisch-wunderbare Geschichten, die über die Generationen hinweg weitererzählt wurden. Eine berühmte Sammlung stammt von den Gebrüdern Grimm.

■ **Parodie:**

Ein bestehender Text wird gezielt zu einer Satire umgewandelt. Der Ursprungstext bleibt dabei erkennbar.

■ **Kalendergeschichten:**

kurze, überschaubare Erzählungen von merkwürdig oder heiter stimmenden Begebenheiten, abgedruckt in Kalendern. Sie sollen unterhalten und belehren.

■ **Novelle:**

erzählt in kurzer Form von einer ungewöhnlichen Begebenheit, oft von einem Wendepunkt im Leben eines Menschen. Sie kennzeichnet eine straffe, meist einsträngige Handlung sowie Vorausdeutungen und Leitmotive.

■ **Kurzgeschichte:**

(short story): Kennzeichnend ist der plötzliche Einstieg in das Thema sowie die Konzentration auf eine Szene mit in der Regel offenem Ausgang

> **Erzählende Texte**
> **(Prosa)**

■ **Parabel:**

(Gleichnis): Sie trägt einen lehrhaften Charakter und enthält in der Regel eine allgemeine Erkenntnis oder Lebensweisheit, die durch Übertragung des Dargestellten erschließbar ist – d. h., das konkret Gesagte verweist auf etwas allgemein Gemeintes.

■ **Erzählung:**

umfasst unterschiedliche Kurzformen des Erzählens.

■ **Schwank:**

Er erzählt in kurzer Form von einem lustigen Einfall, Ereignis oder Streich, der jemandem gespielt wird. Der Schwank greift häufig Alltagssituationen auf und stellt durch Übertreibung menschliche Schwächen dar.

■ **Sage:**

auf mündlicher Überlieferung beruhende kurze Erzählung fantastischer Ereignisse, die an wirkliche Begebenheiten anknüpfen – wie in den Heimat- und Heldensagen.

■ **Roman:**

Prosatext größeren Umfangs, in dem vielschichtige Lebenszusammenhänge dargestellt werden. Zahlreiche Figuren werden in Haupt- und Nebenhandlungen verwickelt.

- *inhaltlich* wird z.B. nach den Stoffen unterschieden (Abenteuer-, Ritter-, Schelmen-, Kriminal-, Heimat-, Großstadt-, Zukunfts- sowie der historische Roman) und nach den behandelten Problemen (z.B. Liebes-, Ehe-, Staats-, Erziehungs-, Entwicklungs-, Bildungs-, Gesellschaftsroman),
- *formal* wird z.B. nach den Erzählverfahren (z.B. Brief-, Fortsetzungs-, Tagebuchroman) unterschieden.

4   Mit Literatur umgehen

4.1   Analyse und Interpretation eines Gedichts

Heinrich Heine

Die schlesischen Weber (1844)

1   Im düstern Auge keine Thräne,
Sie sitzen am Webstuhl und fletschen die Zähne:
Deutschland, wir weben Dein Leichentuch,
Wir weben hinein den dreifachen Fluch –
5   Wir weben, wir weben!

Ein Fluch dem Gotte, zu dem wir gebeten
In Winterskälte und Hungersnöthen;
Wir haben vergebens gehofft und geharrt,
10   Er hat uns geäfft und gefoppt und genarrt –
Wir weben, wir weben!

Ein Fluch dem König, dem König der Reichen,
Den unser Elend nicht konnte erweichen,
15   Der den letzten Groschen von uns erpresst,
Und uns wie Hunde erschießen lässt –
Wir weben, wir weben.

Ein Fluch dem falschen Vaterlande,
20   Wo nur gedeihen Schmach und Schande,
Wo jede Blume früh geknickt,
Wo Fäulnis und Moder den Wurm erquickt –
Wir weben, wir weben.

25   Das Schiffchen fliegt, der Webstuhl kracht,
Wir weben emsig Tag und Nacht –
Altdeutschland, wir weben dein Leichentuch,
Wir weben hinein den dreifachen Fluch,
30   Wir weben, wir weben.

(aus: Karl Otto Conrady (Hg.): Das Buch der Gedichte. Deutsche Lyrik von den Anfängen
bis zur Gegenwart. Eine Sammlung für die Schule. Berlin: Cornelsen. 1987, S. 271)

Um ein Gedicht zu verstehen und zu erfassen, sollten Sie sich ein wenig Muße und Zeit nehmen. Lesen Sie es sich also erst einmal in aller Ruhe durch und lassen Sie es auf sich wirken. Überlegen Sie dann, welches Bild es bei Ihnen hervorruft.

1 **Machen Sie sich die Wirkung des Gedichts bewusst** und verfassen Sie dazu ein paar Notizen.
Zum Beispiel:

Welche Assoziationen entstehen?	z.B. Kampfansage gegen Dunkelheit, Trübsinn, Elend, Armut, Dumpfheit
Beobachten Sie, in welche Stimmung Sie das Gedicht versetzt.	z.B. in kämpferische Stimmung
Welche Fragen tauchen auf?	Warum genau sind die Weber so verbittert, was ist der eigentliche Hintergrund?
Gibt es einen besonderen Hintergrund zu diesem Gedicht?	Autor ist Heinrich Heine, Dichter im so genannten Vormärz (1815–1848), der Zeit vor der bürgerlichen Revolution in Deutschland. Der Titel erinnert an den Aufstand der schlesischen Weber in Langenbielau 1844.

Halten Sie den ersten Gesamteindruck fest, den Sie vom Gedicht haben.

Beispiel:
Die schlesischen Weber sitzen über ihrer Arbeit und verfluchen die Verantwortlichen für ihre unerträgliche Situation.

2 **Jetzt suchen Sie nach der äußeren und inneren Struktur des Gedichts.**
  a) Bei der **inneren** Struktur geht es darum, wie sich das Thema des Gedichts über die einzelnen Strophen entwickelt, wie es sich inhaltlich entfaltet.

Beispiel:
Die Weber weben ein Leichentuch mit einem dreifachen Fluch, der in den einzelnen Strophen jeweils auf Gott, König und schließlich auf das „falsche" Vaterland bezogen wird.

  b) Die **äußere bzw. formale Struktur** eines Gedichts wird geprägt durch die Aufteilung in Verse und Strophen (siehe hierzu auch die Fachbegriffe im Überblick auf Seite 70). Als Vers wird jeweils eine Zeile bezeichnet. Ein **Vers** ist metrisch-rhythmisch gebunden, das heißt, er besitzt ein Versmaß (Metrum) sowie eine Sprachmelodie (Rhythmus).

Als **Versmaß** – die Kombination von betonten (x') und unbetonten (x) Silben – liegt in diesem Fall ein vierfüßiger Jambus vor (siehe Seite 70):

x	x´	x	x´	x	x´	x	x´	x
Im	düs	tern	Au	ge	kei	ne	Thrä	ne

Da die letzte Silbe des Verses unbetont ist, liegt *weibliche Kadenz* vor.

In Vers 6 liegt ein *Zeilensprung* vor: Der grammatisch gebaute Satz *„Ein Fluch dem Gotte, zu dem wir gebeten in Winterskälte und Hungersnöthen"* überspringt das Ende der Verszeile und erstreckt sich bis hinein auf die nächste Verszeile (*Enjambement*).

Jede **Strophe** besteht jeweils aus vier Verszeilen. Betrachten Sie jeweils deren Endsilben, ergibt sich ein **Reimschema**, hier der *Paarreim aabb*.

Im düstern Auge keine Thräne,	A
Sie sitzen am Webstuhl und fletschen die Zähne:	A
Deutschland, wir weben dein Leichentuch,	B
Wir weben hinein den dreifachen Fluch –	B

Die jeweils fünfte Verszeile dient als eine Art Refrain.
Wir weben, wir weben.

3 Untersuchen Sie jetzt Strophe für Strophe, wie der Inhalt sprachlich gestaltet wird:

Welche sprachlichen Mittel setzt der Dichter ein, um seine Gesamtwirkung zu erzielen?

Strophe / Inhalt	sprachliche Gestaltung
Im düstern Auge keine Thräne, *Sie sitzen am Webstuhl und fletschen die Zähne:* *Deutschland, wir weben dein Leichentuch,* *Wir weben hinein den dreifachen Fluch –* *Wir weben, wir weben!*	Erste Strophe beschreibt die Situation der Weber: sitzen am Webstuhl, wütend. benennen Produkt des Webens: Leichentuch. Kernthema: Eintönigkeit. Refrain (Parallelismus*) verdeutlicht den Rhythmus ihrer Tätigkeit.
Ein Fluch dem Gotte, zu dem wir gebeten *In Winterskälte und Hungersnöthen;* *Wir haben vergebens gehofft und geharrt,* *Er hat uns geäfft und gefoppt und genarrt –* *Wir weben, wir weben!*	Zweite Strophe: Anapher*, Parallelismus: Benennt Fluch an Gott. Angabe von Zeit und sozialer Situation. Beschreibung der Wut: erfahren Enttäuschung und Nicht-Ernst-Genommen-Werden.
Ein Fluch dem König, dem König der Reichen, *Den unser Elend nicht konnte erweichen,* *Der den letzten Groschen von uns erpresst,* *Und uns wie Hunde erschießen lässt –* *Wir weben, wir weben.*	Dritte Strophe benennt Fluch Nr. 2 mit Apposition*; beschreibt König mit Relativsätzen, Akkumulation*. Vergleich: Weber werden wie Hunde behandelt.
Ein Fluch dem falschen Vaterlande, *Wo nur gedeihen Schmach und Schande,* *Wo jede Blume früh geknickt,* *Wo Fäulnis und Moder den Wurm erquickt –* *Wir weben, wir weben.*	Vierte Strophe benennt Fluch Nr. 3 an falsches Vaterland. Anapher und Parallelismus beschreiben das Vaterland: kein Wachstum; Aufblühen unmöglich.
Das Schiffchen fliegt, der Webstuhl kracht, *Wir weben emsig Tag und Nacht –* *Altdeutschland, wir weben dein Leichentuch,* *Wir weben hinein den dreifachen Fluch.* *Wir weben, wir weben.*	Fünfte Strophe benennt noch einmal das Rahmenthema sowie das Fazit: Satzstruktur verdeutlicht Rhythmus des Webens, Benennung von Alt-Deutschland als Ziel des dreifachen Fluchs. (* siehe hierzu Seite 14)

4 Nun stellen Sie sich Fragen zum zeithistorischen bzw. literarhistorischen Hintergrund:
- In welche Epoche lässt sich das Gedicht einordnen?
- Gibt es Auskünfte zu seiner Entstehung?
- Wie wird das Thema in vergleichbaren Gedichten (ästhetisch) gestaltet?
- Was lässt sich zur Geschichte des literarischen Motivs bzw. Stoffes heranziehen, um das Gesamtverständnis zu vertiefen?

Beispiel: Entstehung in der Epoche des Vormärz, die Zeit zwischen 1815 und 1848. In dieser Zeit gab es viele ungelöste soziale Probleme, gleichzeitig forderten Demokraten politische Grundrechte ein. Realer historischer Hintergrund ist der Aufstand der Weber in Schlesien: Die Gebrüder Zwanziger wollten zuviel und zu hohe Abgaben, die Weber von Peterswaldau und Langenbielau begehrten 1844 auf und stürmten deren Wohnung – literarisch wurde dies in den „Webern" 1847 verarbeitet.

5 Aus dieser Art der Erschließung leiten Sie eine Schlussfolgerung ab. Formulieren Sie dazu eine **Interpretationshypothese:**

Beispiel: Heine verfasst ein politisches Gedicht, mit dem die Notwendigkeit der Veränderung der bestehenden gesellschaftlichen Verhältnisse am Beispiel der schlesischen Weber thematisiert wird.

4.1.2 Ein Gedicht interpretieren

Wann handelt es sich um eine gelungene Gedichtinterpretation? Immer dann, wenn der Leser Ihrer Interpretation das betreffende Gedicht versteht – auch dann, wenn er es selbst nicht gelesen hat. In Ihrer Interpretation „zeichnen" Sie also Ihr Bild, das Sie während des Lesens des Gedichts gewonnen haben.

1 In der Abiturprüfung wird Ihnen allerdings mit der Aufgabenstellung die Richtung der Interpretation vorgegeben; zum Beispiel:

Analysieren und interpretieren Sie das folgende Gedicht. ...

Diese Aufgabenstellung erfordert in der Vorbereitung folgende Arbeitsschritte: Sie

- untersuchen die inhaltliche und formale Struktur des Gedichts,
- untersuchen seine Wirkung auf den Leser,
- formulieren dazu eine Gesamtaussage (Interpretationshypothese) und
- beweisen diese mit Hilfe Ihrer Analyseergebnisse am Text,
- sammeln Hinweise zu Autor und Entstehungszeit und runden damit Ihren Interpretationsansatz ab.

2 **Entsprechend legen Sie zunächst eine Stoffsammlung an.**

Die Stoffsammlung hier ergibt sich aus den Notizen der vorhergehenden Seiten 66 bis 67.

3 **Ihr Aufsatz entsteht:**

a) In der **Einleitung** benennen Sie Autor, Titel und Thema des Gedichts und ordnen es zeitlich ein. Dann formulieren Sie die Interpretationshypothese und beschreiben, wie Sie zu ihrer Erklärung vorgehen.

Beispiel:

Heinrich Heine verfasste 1847 das Gedicht „Die schlesischen Weber". Es gehört in die Zeit des Vormärz', in der politische Forderungen laut wurden, um die bestehenden sozialen Konflikte zu lösen. So geht diesem Gedicht der Aufstand der schlesischen Weber von Peterswaldau und Langenbielau gegen ihr Elend voraus, verursacht durch die Fabrikantenbrüder Zwanziger. Heine entfaltet dieses Thema über fünf Strophen zu je fünf Verszeilen, wobei die jeweils letzte Verszeile eine Art Refrain darstellt. In vierfüßigen Jamben beschreibt der Autor die elende Situation der Weber und ihre Wut auf die vermeintlich Schuldigen ihres Elends. Heine zeigt also an diesem Gedicht den Protest der unterdrückten Weber und will auf die Notwendigkeit einer Veränderung der bestehenden sozialen bzw. politischen Situation in Deutschland hinweisen. Um diesen Ansatz zu beweisen, wird zunächst die inhaltliche Entfaltung des Themas in den einzelnen Strophen vorgestellt, bevor die Funktion auffälliger sprachlicher Mittel aufgezeigt wird.

1. Satz

These

Vorgehen

b) Im **Hauptteil** notieren Sie gegliedert Ihre Gedanken. Achten Sie darauf, die inhaltliche Analyse des Gedichts mit den zugrunde liegenden sprachlichen Mitteln zu verknüpfen.

Beispiel:

Die Weber äußern einen dreifachen Fluch. Er gilt dem politischen Gebilde Deutschland, vorgestellt in den beiden Randstrophen eins und fünf. Diese Strophen umranden die konkret Angesprochenen des Fluchs: Gott, König sowie das falsche Vaterland. Sie werden jeweils mit einer eigenen Strophe angesprochen, in der jeweils der Grund für den jeweiligen Fluch angegeben wird.

Die Weber haben in Gottes Glauben gehofft und geharrt (Zweiergruppe) (Z.9), sind aber in ihrem Glauben maßlos enttäuscht worden. Dies wird durch die Dreiergruppe „geäfft, und gefoppt und genarrt" (Z.10) hervorgehoben.

In der dritten Strophe sehen sich die Weber schutzlos einem harten König ausgesetzt, der sie gnadenlos ausbeutet und sogar ihren Tod in Kauf nimmt. Mit Relativsätzen wird das Verhalten des Königs beschrieben, die Metapher „letzter Groschen" zeigt die Armut an. Der Vergleich „[erschossen] wie Hunde" (Z.16) verdeutlicht die Missachtung der Weber durch den König.

In der vierten Strophe zeigt sich die Kritik am Vaterland: Das Adjektiv „falsch" veranschaulicht die fehlende Identifikation der Weber mit ihrem Land. Die politisch unerträgliche Situation wird durch Anaphern „Wo" und Parallelismen verdeutlicht sowie durch Zweiergruppen näher charakterisiert: „Schmach und Schande"(Z.20), „Fäulnis und Moder"(Z.22) assoziieren eine negative Bewertung bzw. den Nährboden für den Tod. Die Metapher „wo jede Blume früh geknickt"(Z.21) verdeutlicht Zustände, in denen keine Entwicklung bzw. Lösung der Probleme in Sicht ist.

Die Weber sind jedoch überzeugt, dass sich etwas ändern wird. Das Bild des Leichentuches für Deutschland aus der ersten Strophe wandelt sich in Strophe fünf in das Leichentuch für Altdeutschland – wobei Altdeutschland eine Metapher für das hinfällige, morsche, zu verändernde Vaterland ist. An diesem Leichentuch arbeiten die Weber kontinuierlich – ein Prozess, der durch die Zweiergruppe „Tag und Nacht" noch verstärkt wird. Auch die Wiederholung des Verses „wir weben dein Leichentuch" verstärkt die Erwartung an eine Veränderung der Situation, die langfristig, hier im Bild des kontinuierlichen Webens ‚(„wir weben, wir weben") vorweggenommen wird.

> Spätestens jetzt beziehen Sie Hintergrundwissen zur Epoche, zur gesellschaftlichen Situation und zur Entstehungszeit mit ein. Damit arbeiten Sie Nuancen und Feinheiten im Verständnis des Ganzen heraus. (Bei diesem politischen Gedicht von Heinrich Heine hat sich der Zeitbezug zwangsläufig gleich zu Beginn Ihrer Interpretation eingestellt, um das Thema überhaupt zu verstehen.)
> Reflektieren Sie ggf. auch die Werk- und Wirkungsgeschichte des Gedichts, soweit dies zur Beantwortung der Aufgabenstellung nötig bzw. sinnvoll ist.

c) Zum **Schluss** erinnern Sie an die Interpretationshypothese. Dann zeigen Sie, ob sie sich als richtig erwiesen hat. Unter Umständen ergibt sich nämlich in der Feinanalyse ein anderes Bild als das, was beim ersten Durchlesen entstand.

Das ist absolut legitim, aber Sie müssen dies dann auch reflektieren!

Beispiel:
Heine verweist also mit seinem Gedicht „Die schlesischen Weber" auf den Vorabend der sozialen bürgerlichen Revolution in Deutschland. Die kontinuierliche Tätigkeit des Webens deutet genauso daraufhin wie die veränderte Perspektive auf Deutschland. Die Gründe für diesen politischen Veränderungsprozess werden im Gedicht an Gott, König und Vaterland festgemacht.

> Sinnvoll ist unter Umständen auch ein Verweis auf weitere Interpretationsansätze sowie auf die Meinung von Literaturwissenschaftlern. Sie können aber auch auf die Reaktion von Zeitgenossen eingehen.

Beispiel:
Auch der Autor Gerhart Hauptmann gestaltete in seinem Drama „Die Weber" dieses Ereignis, insbesondere den Aufstand der Weber gegen ihre Peiniger. Er zeigt dabei an der Gestalt des alten Hilse nachhaltig, dass sich niemand aus diesen sozialpolitischen Veränderungsprozessen heraushalten kann.

4 **Überarbeiten Sie Ihren Aufsatz.**
- Vermeiden Sie Wortwiederholungen!
- Vermeiden Sie Schachtelsätze!
- Kontrollieren Sie, ob alle Gedanken an der richtigen Stelle stehen!
- Kontrollieren Sie, ob Sie richtig zitiert haben: Sind wichtige Argumente mit Zeilenangaben belegt?

4.1.3   Fachbegriffe zur Analyse eines Gedichts

Hier finden Sie eine kleine Auswahl an Fachbegriffen, die Sie für die Gedichtsanalyse benötigen.

Versmaß

Jedes Gedicht besteht aus Versen und Strophen.

Als **Vers** wird jeweils eine Zeile bezeichnet. Ein Vers ist metrisch-rhythmisch gebunden, das heißt, er besitzt ein Versmaß (Metrum) sowie eine Sprachmelodie (Rhythmus). Je nach Kombination von betonten und unbetonten Silben unterscheidet man verschiedene **Versmaße**:

Jambus	Trochäus	Anapäst	Daktylus
unbetont – betont	betont – unbetont	unbetont – unbetont – betont	betont – unbetont – unbetont
Jam-bus	Tro-chäus	A-na-päst	Dak-ty-lus

Je nach Anzahl der betonten Silben pro Vers spricht man von einem zwei-, drei-, vierfüßigem usw. Versmaß. Liegen beispielsweise vier betonte Silben in einem Trochäus vor, handelt es sich bei dem Versmaß um einen vierfüßigen Trochäus.

Kadenz

Ist die letzte Silbe eines Verses betont, spricht man von männlicher Kadenz,
bleibt die letzte Silbe eines Verses unbetont, so liegt weibliche Kadenz vor.

Enjambement (Zeilensprung)

Stimmen Versende und grammatikalisches Satzende miteinander überein, spricht man vom Zeilenstil. Reicht der grammatikalische Satz über das Versende hinaus in die nächste Verszeile hinein, spricht man vom Zeilensprung oder Enjambement.

Reimschema

Mehrere Verszeilen (in der Regel zwei, drei, vier bis sechs Zeilen) ergeben zusammen eine Strophe.
Betrachtet man nur die Endsilben jeder Verszeile einer Strophe, entsteht ein Reimschema.

Die bekanntesten sind:

Paarreim	Kreuzreim	Umschließender Reim
A	A	A
A	B	B
B	A	B
B	B	A

Die Gedichtform Sonett besteht aus einem festen Strophenaufbau: abba, abba, cdc, cdc, also zwei Vierzeilern und zwei Dreizeilern – mit dem entsprechenden Reimschema.

Gedichtformen

Während das Sonett durch einen festen Strophenaufbau gekennzeichnet ist, lassen sich alle anderen Gedichtformen eher inhaltlich unterscheiden, so z. B.:

Ode: (griechisch: Gesang) erhabene, meist reimlose lyrische Dichtung in kunstvollem Stil.

Hymne: feierlicher Lob- und Preisgesang von betont feierlichem Ausdruck.

Elegie: wehmütiges Gedicht oder Klagelied mit schwermütiger Stimmung (zu Krieg, Vaterland, Politik, Liebe und anderen Themen).

Epigramm: gedanklich verdichtetes Sinn-, aber auch Spottgedicht.

4.2 Vergleichende Interpretation eines Gedichts

Heinrich Heine

Loreley (1824)

1 Ich weiß nicht, was soll es bedeuten,
dass ich so traurig bin.
Ein Märchen aus alten Zeiten,
Das kommt mir nicht aus dem Sinn.

5

Die Luft ist kühl und es dunkelt,
und ruhig fließt der Rhein;
Der Gipfel des Berges funkelt
Im Abendsonnenschein.

10

Die schönste Jungfrau sitzet
Dort oben wunderbar.
Ihr goldnes Geschmeide blitzet,
Sie kämmt ihr goldenes Haar.

15

Sie kämmt es mit goldenem Kamme,
Und singt ein Lied dabei;
Das hat eine wundersame
Gewaltige Melodei

20

Den Schiffer im kleinen Schiffe
Ergreift es mit wildem Weh;
Er schaut nicht die Felsenriffe,
Er schaut nur hinauf in die Höh'.

25

Ich glaube, die Wellen verschlingen
Am Ende Schiffer und Kahn;
Und das hat mit ihrem Singen
30 Die Loreley getan.

(aus Heinrich Heine: Gedichte.
Ausgewählt und herausgegeben
von Christoph Siegrist. Frankfurt a. M.:
Insel-Verlag. 1968. Bd. 1, S. 49)

Joseph von Eichendorff

Waldgespräch (1815)

1 Es ist schon spät, es wird schon kalt,
Was reit'st du einsam durch den Wald?
Der Wald ist lang, du bist allein,
Du schöne Braut! Ich führ dich heim!

5

„Groß ist der Männer Trug und List,
Vor Schmerz mein Herz gebrochen ist,
Wohl irrt das Waldhorn her und hin,
O flieh! Du weißt nicht, wer ich bin."

10

So reich geschmückt ist Ross und Weib,
So wunderschön der junge Leib,
Jetzt kenn ich dich – Gott steh mir bei!
Du bist die Hexe Lorelei.

15

„Du kennst mich wohl – von hohem Stein
Schaut still mein Schloss tief in den Rhein.
20 Es ist schon spät, es wird schon kalt,
Kommst nimmermehr aus diesem Wald!"

(aus: Karl Otto Conrady (Hg.): Das Buch der
Gedichte. Deutsche Lyrik von den Anfängen bis zur
Gegenwart. Eine Sammlung für die Schule.
Berlin: Cornelsen. 1987, S. 269)

4.2.1   Zwei Gedichte vergleichend erschließen

Ein Gedichtvergleich erfordert zwei Analyseschritte:
1. Die Analyse jedes der beiden Gedichte sowie
2. den Vergleich dieser Gedichte miteinander.

1   a) **Analysieren Sie zunächst das eine Gedicht:**

    Heinrich Heine: Loreley

Beispiel:

Gesamteindruck: Das lyrische Ich stimmt eine Art lieblichen Trauergesang über den Schiffer an, der an der Loreley den Tod findet.

Strophe / Inhalt	Form
1 Das lyrische Ich fragt nach dem Grund der eigenen Traurigkeit *„Ich weiß nicht, was soll es bedeuten, dass ich so traurig bin"* und denkt an ein *Märchen*.	<u>Rhetorische Frage</u> ohne Fragezeichen: *was soll es bedeuten, dass ich so traurig bin.*
2 Es beschreibt Raum und Zeit: abendliche Dämmerung, *kühl, ruhig* fließender Fluss, die Sonne taucht den Gipfel des Berges in anmutiges Licht.	<u>Zweiergruppe</u>: *Die Luft ist <u>kühl</u> und es <u>dunkelt</u>,* <u>beschreibende Verben</u>: *fließen, funkeln*
3 Es beschreibt die Loreley: Sie sitzt auf dem Felsen und kämmt ihr Haar.	Positiver Eindruck, der durch den <u>Superlativ</u> entsteht: *Die schönste Jungfrau sitzet.* Adverb: *wunderbar.* <u>Wiederholung</u>: *Ihr <u>goldnes</u> Geschmeide blitzet, / Sie kämmt ihr <u>goldenes</u> Haar.*
4 Es beschreibt den Gesang der Loreley, deutet dessen Wirkung an (*gewaltige Melodei*)	<u>Wortspiel</u>: *wunderbar, wundersam*
5 Es beschreibt die Wirkung des Gesangs auf den Schiffer: Er ist ergriffen von Schmerz und Sehnsucht (*wildes Weh*), abgelenkt von seiner sachlichen Tätigkeit, das Schiff zu steuern.	<u>Alliteration</u>: *Schiffer, Schiffe.* <u>Anapher</u>: und Parallelismus: *Er schaut nicht die Felsenriffe, Er schaut nur hinauf in die Höh.* Bedeutet: Er ist nur noch auf die Sängerin fixiert.
6 Vermutung des lyrischen Ichs, dass der Schiffer nicht die Kurve bekommen hat, gegen die Felsenriffe geprallt und folglich an diesen zerschellt ist.	<u>Zweiergruppe</u>: *Schiffer und Kahn* Verursacherin im <u>Perfekt</u>: *hat die Loreley getan.*

Kurzes Fazit:

Das Gedicht Loreley von Heinrich Heine zeigt beispielhaft die gefährlichen Folgen für den Menschen, wenn dieser sich vom Schauspiel der Natur zu sehr beeindrucken lässt. Die Loreley liest sich als Verführung des Schiffers durch den anmutenden Gesang der sagenhaften Gestalt Loreley.

b) Analysieren Sie das zweite Gedicht:

Eichendorff: Waldgespräch

Beispiel:

Gesamteindruck: Gespräch in einem undurchdringlichen Wald zwischen einem einsam streifenden Mann und der „Hexe" Lorelei, deren Herz gebrochen ist.

Strophe / Inhalt	Sprachliche Gestaltung
1 Es ist schon spät, es wird schon kalt, Was reit'st du einsam durch den Wald? Der Wald ist lang, du bist allein, Du schöne Braut! Ich führ dich heim!	Einfache Sätze, Parallelismus sowie rhetorische Frage: Festlegung des Handlungsorts. Parallelismus: Nimmt Gefahr vorweg. Ansprechen durch den Wanderer: Angebot.
2 „Groß ist der Männer Trug und List, Vor Schmerz mein Herz gebrochen ist, Wohl irrt das Waldhorn her und hin, O flieh! Du weißt nicht, wer ich bin."	Rede der Lorelei in Anführungsstrichen. Substantive: Beschreibung der Männer. Folge für Lorelei ist Liebeskummer (*Herz gebrochen*) Gegenaufforderung der Lorelei („*O flieh!*") und damit Ablehnung des Angebots des Wanderers.
3 So reich geschmückt ist Ross und Weib, So wunderschön der junge Leib, Jetzt kenn ich dich – Gott steh mir bei! Du bist die Hexe Lorelei.	Zweiergruppe: Widerrede des Wanderers und Erkenntnis: Bild der Hexe assoziiert negative Bewertung = Fazit
4 „Du kennst mich wohl – von hohem Stein Schaut still mein Schloss tief in den Rhein. Es ist schon spät, es wird schon kalt, Kommst nimmermehr aus diesem Wald!"	Ausblick durch Lorelei Personifizierung, Bezugnahme auf den Rhein Wiederholung des Handlungsortes (Situierung) Vorwegnahme des Endes

Kurzes Fazit:

Es ergibt sich durch die Gesprächsführung ein Erkenntnisprozess für den Wanderer: Von der Position des Helfers bzw. Retters wechselt er in die Position des Opfers; Lorelei hingegen berichtet von ihren Erfahrungen mit Männern und zieht daraus die Konsequenz: „Kommst nimmermehr aus diesem Wald" (Z. 21).

2 **Ziehen Sie jetzt den Vergleich**

Suchen Sie dazu sinnvolle Vergleichskriterien

- ■ **äußerlich:** Anzahl der Strophen, Versmaß, Reimschema
- ■ **inhaltlich:** Entfaltung des Themas, Haltung des lyrischen Ichs, Motivstruktur.

Gemeinsamkeiten	Heine	Eichendorff
Verführung geht von Frau aus	*Das hat mit ihrem Singen die Loreley getan*	*Kommst nimmermehr aus diesem Wald*
Selbe Zeit: Romantik	*1824*	*1815*
Strophen als Vierzeiler	*Lieblicher Gesang*	*Eindruck gefährlicher Situation*
Unterschiede	**Heine**	**Eichendorff**
Reimschema	*abab*	*aabb*
Themenentfaltung	*Linear als Märchen*	*Argumentativ These-Antithese*
Beschreibung der Loreley	*Wörter mit positiver Assoziation*	*Hexe*
Art der Rede	*Monolog*	*Dialog*

4.2.2   **Eine vergleichende Gedichtinterpretation verfassen**

Nachdem Sie in Ihrer Stoffsammlung die beiden Gedichte vergleichend erschlossen
haben, schreiben Sie nun Ihre eigene Gedichtinterpretation.

1 **Einleitung**

*Das Motiv der Loreley hat viele Künstler zu ihren Werken angeregt. Heinrich Heine verfasste dazu
1824 seine „Loreley", Joseph von Eichendorff schrieb 1815 „Das Waldgespräch". Während Heine
eher lieblich trauernd vom Gesang der Loreley auf ihrem Felsen erzählt, befindet sich bei Eichendorff ein Wanderer in Gefahr. Beide Dichter verfassten ihr Gedicht in der Epoche der Romantik.
Das bedeutet im Allgemeinen ein von Gefühl und Phantasie geleitetes Verhalten, eingebettet in
eine stimmungsvolle Umgebung. In beiden Gedichten liegen jeweils Vierzeiler als Strophen vor, bei
Heine sind es sechs, bei Eichendorff nur vier Strophen.
Beide Dichter gestalten das Motiv der Loreley, welche trotz jeweils unterschiedlicher Darstellung
ihre männlichen Anbeter ins Verderben stürzt. (Dieses Thema findet sich zuerst 1801 bei Brentano.)*

> In der
> **Einleitung**
> ■ nennen Sie
> die beiden
> Autoren sowie
> Titel und Ent-
> stehungszeit
> der Gedichte.
> ■ benennen
> Sie die Aufga-
> benstellung
> und
> ■ beschreiben
> Sie Ihr Vorge-
> hen.

2 **Hauptteil**

Sie können auf zwei Weisen vorgehen:

a) Sie analysieren zuerst das eine Gedicht, danach das andere, um anschließend die Gemeinsamkeiten und
Unterschiede herauszuarbeiten.

b) Sie analysieren von Anfang an vergleichend:
Zuerst arbeiten Sie die Gemeinsamkeiten der zwei Gedichte heraus, danach deren Unterschiede.

Beispiel zu b):
*Um diese These zu beweisen, werde ich beide Gedichte jeweils auf die Rolle des lyrischen Ichs,
die Entfaltung des Motivs der Loreley, auf deren Verstärkung durch sprachliche Mittel bzw. auf die
Funktion formaler Besonderheiten hin untersuchen. Beide Protagonisten begegnen der Loreley
etwa zum selben Zeitpunkt: am Abend. Der Schiffer erliegt der Wirkung ihres Gesanges, während
der Wanderer die Loreley eigentlich verführen möchte, am Ende jedoch selbst Schaden nimmt.
Beide Gedichte zeigen den Einfluss romantischer Stimmungen sowie innerer Sehnsüchte auf die
Betroffenen, wobei die Frau bei Heine positiv, bei Eichendorff negativ beschrieben wird.
Die Loreley erscheint in goldenen Farben, ihr goldenes Geschmeide blitzt, sie kämmt ihr goldenes
Haar. (Z. 14) Der Wanderer hingegen brandmarkt seine Lorelei als Hexe. (Z. 14)
Das Schicksal des Schiffers wird in Parallelismen verkündet, das Schicksal des Wanderers in Auf-
forderungssätzen und Zweiergruppen. Während der Schiffer seinen Sehnsüchten mit hereinbre-
chender Dunkelheit erliegt, will der Wanderer seine Begierden stillen, wird jedoch schroff zurück-
gewiesen. Auch das Verhalten der Frau wird unterschiedlich gestaltet. Loreley sitzt, kämmt sich und
singt eine „gewaltige Melodei", während die Lorelei auf reich geschmücktem Pferd den Wanderer
aktiv zurückweist und ihm sein nahendes Ende prophezeit.
Heine vermittelt dieses Geschehen durch den Klagegesang des lyrischen Ichs, während Eichendorff
beide Figuren im Streitgespräch zu Wort kommen lässt.*

> Im **Hauptteil**
> formulieren Sie
> Ihre Gedanken
> entsprechend
> Ihrer Stoff-
> sammlung.
> Achten Sie
> darauf, dass
> Sie Ihre Ge-
> danken in der
> Reihenfolge
> wiedergeben,
> wie Sie diese in
> der Einleitung
> angekündigt
> haben.

3 **Zusammenfassung**

*Das Motiv der Loreley ist zwar situativ unterschiedlich gestaltet, am Fluss bzw. im Wald, die Rolle
der Loreley wird jedoch in beiden Gedichten als aktiv Handelnde und Verführerin dargestellt.
Zugleich begegnen sich Loreley und die jeweiligen Männer (Fischer und Wanderer) in unterschiedlicher räumlicher Nähe: Dem einen wird bereits der Gesang zum Verderben, dem anderen erst
das Streitgespräch. Da beide Gedichte in die Zeit der Romantik einzuordnen sind, stellen sie dieser
Epoche entsprechend die Folgen dafür dar, wenn sich jemand zu sehr seinen Sehnsüchten und
Emotionen hingibt.*

> In der
> **Zusammen-
> fassung**
> ziehen Sie Ihr
> Fazit.

4.3 Erschließen eines Dramas

Georg Büchner
Woyzeck (Auszug)

BEIM DOKTOR

1 Woyzeck. Der Doktor.

DOKTOR. Was erleb ich, Woyzeck? Ein Mann von Wort.

WOYZECK. Was denn Herr Doktor?

DOKTOR. Ich hab's gesehn Woyzeck; Er hat auf die Straß gepisst, an die Wand gepisst wie ein

5 Hund. Und doch zwei Groschen täglich. Woyzeck das ist schlecht. Die Welt wird schlecht, sehr schlecht.

WOYZECK. Aber Herr Doktor, wenn einem die Natur kommt.

DOKTOR. Die Natur kommt, die Natur kommt! Die Natur! Hab ich nicht nachgewiesen, dass der musculus constrictor vesicae dem Willen unterworfen ist? Die Natur! Woyzeck, der Mensch

10 ist frei, in dem Menschen verklärt sich die Individualität zur Freiheit. Den Harn nicht halten können! (*Schüttelt den Kopf, legt die Hände auf den Rücken und geht auf und ab.*)
Hat Er schon seine Erbsen gegessen, Woyzeck? – Es gibt eine Revolution in der Wissenschaft, ich sprenge sie in die Luft. Harnstoff, 0,10, salzsaures Ammonium, Hyperoxydul. Woyzeck, muß Er nicht wieder pissen? Geh Er einmal hinein und probier Er's.

15 WOYZECK. Ich kann nit Herr Doktor.

DOKTOR. (*mit Affekt*) Aber auf die Wand pissen! Ich hab's schriftlich, den Akkord in der Hand. Ich hab's gesehn, mit diesen Augen gesehn, ich streckte grade die Nase zum Fenster hinaus und ließ die Sonnestrahlen hineinfallen, um das Niesen zu beoachten. (*Tritt auf ihn los*) Nein Woyzeck, ich ärgere mich nicht, Ärger ist ungesund, ist unwissenschaftlich. Ich bin ruhig,

20 ganz ruhig, mein Puls hat seine gewöhnlichen 60 und ich sag's Ihm mit der größten Kaltblütigkeit! Behüte, wer wird sich über einen Menschen ärgern, ein' Menschen! Wenn es noch ein Proteus wäre, der einem krepiert! Aber Er hätte doch nicht an die Wand pissen sollen.

WOYZECK. Sehn Sie Herr Doktor, manchmal hat man so 'en Charakter, so 'ne Struktur. – Aber mit der Natur ist's was andres, sehn Sie, mit der Natur (*er kracht mit den Fingern*) das ist so

25 was, wie soll ich doch sagen, zum Beispiel …

DOKTOR. Woyzeck, Er philosophiert wieder.

WOYZECK (*vertraulich*). Herr Doktor habe Sie schon was von der doppelten Natur gesehn? Wenn die Sonn in Mittag steht und es ist als ging die Welt im Feuer auf, hat schon eine fürchterliche Stimme zu mir geredt!

30 DOKTOR. Woyzeck, Er hat eine aberratio.

WOYZECK (*legt den Finger an die Nase*). Die Schwämme Herr Doktor. Da, da steckt's. Haben Sie schon gesehn in was für Figurn die Schwämme auf dem Boden wachsen? Wer das lesen könnt.

DOKTOR. Woyzeck, Er hat die schönste aberratio mentalis partialis, zweite Spezies, sehr schön

35 ausgeprägt. Woyzeck, Er kriegt Zulage. Zweite Spezies, fixe Idee, mit allgemein vernünftigem Zustand, Er tut noch alles wie sonst, rasiert sein Hauptmann?

WOYZECK. Ja wohl.

DOKTOR. Isst sei Erbse?

WOYZECK. Immer ordentlich Herr Doktor. Das Geld für die Menage kriegt die Frau.

40 DOKTOR. Tut sei Dienst?

WOYZECK. Ja wohl.

DOKTOR. Er ist ein interessanter Kasus, Subjekt Woyzeck, Er kriegt Zulag. Halt er sich brav. Zeig Er sei Puls! Ja.

(aus: Georg Büchner: Werke und Briefe. Dtv 2. Auflage 1990, S. 242f.)

4.3.1 Herausfinden, worum es im Text geht

Wenn Sie in der Prüfung einen Auszug aus einem Drama erschließen müssen, wenden Sie die folgenden Arbeitsschritte an.

1 **Betten Sie die Szene in den Gesamtkontext des Dramas ein.** Um welche Szene, um welchen Auszug aus dem Drama handelt es sich? Was geschieht in dieser Szene? Welche Funktion kommt ihr im Gesamthandlungsverlauf des Dramas zu?

Beispiel:

Büchners Drama „Woyzeck" ist ein soziales Drama. Es zeigt die Lebensverhältnisse Woyzecks und dessen Versuch, zu überleben. Am Ende tötet er Frau und Kind und begeht dann Selbstmord. Der Auszug „Beim Doktor" ist eine Schlüsselszene des Dramas und zeigt seinen sozialkritischen Ansatz.

2 **Ermitteln Sie die Figurengestaltung der Szene.** Wer sind die Hauptpersonen, welche Nebenfiguren spielen mit? In welcher Beziehung stehen sie zueinander?

Beispiel:

Woyzeck	Doktor
■ Woyzeck ist Soldat und verdient sich Geld (2 Groschen täglich) als „Versuchskaninchen" beim Doktor und als Laufbursche des Hauptmanns. ■ Er hat eine Freundin, Marie, und mit ihr ein uneheliches Kind. ■ Woyzeck lebt auf „Diät": ernährt sich nach Anweisung des Doktors von Erbsen und teilt seine Beobachtungen mit: *„es hat schon eine fürchterliche Stimme zu mir geredt!"* (Zeile 28–29) ■ Woyzeck verteidigt sein Verhalten gegenüber dem Doktor: *„Manchmal hat man so 'en Charakter, so 'ne Struktur. – Aber mit der Natur ist's was andres, sehn Sie, mit der Natur (er kracht mit den Fingern) das ist so was, wie soll ich doch sagen, [...]"* (Zeile 24–25)	■ Der Doktor untersucht eine wissenschaftliche Fragestellung an seinem Probanden Woyzeck, meint, eine neue, revolutionäre Entdeckung zu machen (*– Es gibt eine Revolution in der Wissenschaft,*) (Z.12) und verlangt von Woyzeck eine Harnprobe, die dieser nicht geben kann. ■ Ferner vertritt er die These, dass der Mensch seine Natur, also seine Bedürfnisse und Stimmungen, unter Kontrolle haben könne: *„Woyzeck, der Mensch ist frei, in dem Menschen verklärt sich die Individualität zur Freiheit. Den Harn nicht halten können!"* (Zeile 10). Er widerlegt seine eigene These aber durch sein Verhalten, indem er mit Affekt redet, nach Woyzeck tritt u.ä.

Beziehung von Woyzeck und Doktor:
Woyzeck und der Doktor stehen in einer asymmetrischen Beziehung zueinander: Woyzeck ist der Befehlsempfänger.

3 **Analysieren Sie nun die Szene.** Dazu gehört ein Blick auf den Gesprächstyp, den Dialogverlauf, die Sprechakte sowie auf Ziel und Ergebnis des Gesprächs. Klären Sie also folgende Fragen:
- ■ **Dialogverlauf:** Wie groß sind die Redeanteile der Figuren? Dominiert eine Figur? Welche Figur ergreift die Initiative, welche beendet das Gespräch? Lassen sich Gesprächsphasen unterscheiden?
- ■ Welcher **Konflikt** prägt dieses Gespräch? Gibt es darin einen Wendepunkt?
- ■ **Sprechakte:** Welche Sprechakte dominieren? Gehen die Gesprächspartner aufeinander ein?
- ■ Welche **Absichten** verfolgen sie? Lassen sich dabei argumentative Strategien erkennen?
- ■ Welchem **Gesprächstyp** könnten Sie diese Szene zuordnen?
- ■ **Resultate:** Zu welchem Ergebnis führt dieses Gespräch? Gibt es darin eine Problemlösung?
- ■ Welche **Konsequenzen** lassen sich erkennen? Wie beeinflusst diese Szene den weiteren Handlungsverlauf des Stückes? Welche Funktion besitzt diese Szene im Gesamtgefüge des Dramas?

Beispiel:

Für den Doktor besteht die Konfliktsituation im Fehlverhalten Woyzecks: *„Ich hab's gesehn Woyzeck; Er hat auf die Straß gepisst, an die Wand gepisst wie ein Hund."* (Z. 4) Dafür stellt er ihn zur Rede: „Er hat auf die Straß gepisst, an die Wand gepisst wie ein Hund", denn damit geht ihm wertvolles Untersuchungsmaterial verloren für seine wissenschaftlichen Entdeckungen. Er kritisiert Woyzeck durch eine Verallgemeinerung: Der Mensch sei frei: *„der Mensch ist frei, in dem Menschen verklärt sich die Individualität zur Freiheit."* (Z. 10) Demnach besitzt Woyzeck die Freiheit seiner Willenskraft, zu entscheiden, wann er sein Geschäft erledigt, und dies unter Aufsicht des Doktors zu tun.

Woyzeck verteidigt sein Verhalten unter Berufung auf die Natur. Das Bedürfnis war stärker als der Wille zu gehorchen. Auswirkungen seiner Erbsendiät auf seine menschliche Natur teilt Woyzeck mit: er habe eine fürchterliche Stimme gehört. Denkbar als Halluzination infolge ungesunder, weil einseitiger Ernährung.

Den Konflikt, das vereinbarte Urinieren gegen Geld nicht eingehalten zu haben, löst der Doktor auf, indem er Woyzecks Äußerungen im Rahmen seiner wissenschaftlichen Erforschungen als nützlich interpretiert und Woyzecks Zustand entsprechend fachwissenschaftlich definiert als *„aberratio mentalis partialis, zweite Spezies"* (Z. 34). Dafür kündigt er Entlohnungszulagen an. Um die Entwicklung dieses Zustandes wissenschaftlich beobachten zu können, fragt der Doktor dazu die Randumstände seines Klienten ab: Erbsen essen, den Hauptmann rasieren, seinen Dienst absolvieren. (Z. 36–40)

Die Gesprächsführung beginnt bestrafend, Woyzeck lässt das unbeeindruckt, er verteidigt sich vielmehr – der Doktor lenkt schließlich ein.

4 **Welche sprachlichen Auffälligkeiten stechen hervor?** Besonders im Drama lassen sich die Figuren durch die Art, in der sie reden, charakterisieren. Auch das müssen Sie also in der Analyse beachten:

- Auf welchem sprachlichen Niveau entwickelt sich das Gespräch (hochsprachlich, im Dialekt oder vulgärsprachlich)?
- Welche Worte wiederholt oder ausgelassen (Ellipsen), welche Bilder (Metaphern) werden verwendet? Wie sind die Sätze gebaut (Satzgefüge, Satzverbindung)?
- Werden Figuren miteinander kontrastiert, stehen sich gegenüber?

Beispiel:

Der Doktor redet Woyzeck in der dritten Person mit Er an – dies wirkt sachlich distanziert und kennzeichnet Woyzeck als Versuchsobjekt, Patienten bzw. Probanden.

Woyzeck redet verkürzt sowie im Dialekt und sucht nach geeigneten Worten: *„sehn Sie, mit der Natur (er kracht mit den Fingern) das ist so was, wie soll ich doch sagen, zum Beispiel [...]"* (Z. 24/25). Dies lässt sich als Ausdruck von sozialer Armut bzw. geistiger Verarmung infolge von Unterernährung interpretieren.

Der Doktor verwendet bei der Beschreibung seiner Beobachtungen fachwissenschaftliches Vokabular. Er wirkt distanziert und nur an seiner wissenschaftlichen Fragestellung, nicht aber an Woyzecks menschlich-sozialer Grundsituation interessiert:

„Er hat die schönste aberratio mentalis partialis, zweite Spezies, sehr schön ausgeprägt. Woyzeck Er kriegt Zulage. Zweite Spezies, fixe Idee, mit allgemein vernünftigem Zustand. Er tut noch alles wie sonst, rasiert sein Hauptmann?" (Z. 34–36)

5 **Formulieren Sie nun eine Interpretationshypothese: Was wird in dieser Szene gezeigt bzw. dargestellt? Welche Funktion hat sie?**

Beispiel:

Woyzeck hat sich dem Doktor für Versuche zur Verfügung gestellt, um Geld zu verdienen. Der Doktor verordnet ihm eine tägliche Erbsenration und beobachtet die Folgen. Woyzeck spricht über seine Visionen. Für den Doktor ist Woyzeck nur ein interessanter Fall.

4.3.2 Verfassen des Aufsatzes

Um einen Interpretationsaufsatz zu schreiben, gehen Sie wie folgt vor:

1 Zerlegen Sie die Aufgabenstellung.

Beispielaufgabe:

Analysieren und interpretieren Sie nachfolgenden Textauszug. Verdeutlichen Sie dabei den sozialkritischen Ansatz des Autors unter Einordnung in die literaturhistorische Epoche.

Diese Aufgabe lässt sich in folgende Teile zerlegen:

Analysieren:	Sie zerlegen den Text in seine Einzelteile und ...
Interpretieren:	Sie erklären, wie Sie diese verstehen und welcher Sinn sich daraus ergibt.
Sozialkritischer Ansatz:	Sie arbeiten heraus, welche Gedanken, Verhaltensweisen usw. die (zur Zeit der Textentstehung) bestehende soziale Situation kritisch reflektieren. *Soziale Situation Woyzecks: gekennzeichnet von Armut, sozialer Entrechtung*
Einordnung in die literarhistorische Epoche:	Sie untersuchen, welche epochetypischen Merkmale im Text veranschaulicht werden. *Vormärz und Pauperismus im Rahmen eines sozialen Dramas*

2 Überlegen Sie sich eine sinnvolle Interpretationshypothese.

Beispiel:
Büchner verdeutlicht an der Figur des Woyzeck den Pauperismus des Vormärz:
Woyzeck steht in der sozialen Hierarchie an unterster Stelle und muss, im Kampf um das nackte Überleben, entwürdigende Verdienstverhältnisse eingehen. In dieser Szene wird seine gesellschaftliche Diskriminierung als Versuchsobjekt des Doktors verdeutlicht.
Sortieren Sie dann Ihr analysiertes Material (siehe Seite 77) in einer Stoffsammlung bzw. einer Gliederung.

3 **Verfassen Sie die Einleitung** gemäß dem in den vorhergehenden Abschnitten bereits dargestellten Dreischritt:
- Autor, Titel, Thema sowie Entstehungszeit,
- Themenstellung / These,
- Vorgehen.

Beispiel:
Georg Büchner begann im Jahre 1836, kurz vor seinem frühen Tod, sein Drama „Woyzeck". Es handelt sich um ein soziales Drama: Die erbärmliche Wirklichkeit wird zum Gegenstand einer auf Erkenntnis drängenden Poesie. Den Stoff fand Büchner in zwei gerichtsmedizinischen Gutachten, die der Königlich Sächsische Hofrat Dr. Clarus im Zusammenhang mit dem Leipziger Mordfall Woyzeck anzufertigen hatte. Sie berichten detailliert über den Hergang der Tat und das Leben des 41-jährigen Täters. Zur Tatzeit war der ehemalige Perückenmacher, Diener und Soldat Woyzeck Gelegenheitsarbeiter, der zuletzt so wenig Geld besaß, dass er im Freien kampieren musste.

 Autor, Titel, Thema, sowie Entstehungszeit (mit Hintergrundinformationen)

Am Abend des 21. Juni 1821 stach er mit einer abgebrochenen Degenklinge die 46-jährige Baderwitwe Woost im Hausgang ihrer Wohnung nieder. Als Motiv galt Eifersucht. Drei Jahre nach der Tat wurde er in seiner Geburtsstadt Leipzig öffentlich durch das Schwert gerichtet. Der Fall löste in der Wissenschaft einen heftigen Streit über die Zurechnungsfähigkeit und die methodischen Möglichkeiten ihrer Beantwortung aus. Die Vorgänge verlegt Büchner in die ihm vertraute hessische Welt, die Personen seines Stückes sprechen eine mundartlich gefärbte Sprache.

Büchner verdeutlicht an der Figur des Woyzeck den Pauperismus (= katastrophale Massenarmut zur Zeit der Frühindustrialisierung) des Vormärz: Woyzeck steht in der sozialen Hierarchie an unterster Stelle und muss, im Kampf um das nackte Überleben, entwürdigende Verdienstverhältnisse eingehen. In dieser Szene wird seine gesellschaftliche Diskriminierung als Versuchsobjekt des Doktors verdeutlicht.

Um dies zu belegen, werde ich das Verhalten des Doktors sowie des Woyzeck analysieren sowie die Beziehung der beiden Figuren zueinander betrachten.

◀ Themenstellung / These

◀ Vorgehen

4 **Beweisen Sie jetzt Ihre These.** Verwenden Sie Ihre Analyseergebnisse als Argumente.

Hinweis: Beim lesenden Erschließen des Textes sind Sie mit Ihren Notizen dem Textverlauf gefolgt. Zum Beweis der These müssen Sie sich über diesen Textverlauf erheben und ihn systematisch deuten. Listen Sie hierzu die Aspekte so auf, dass die in dieser Szene angedeutete Sozialkritik deutlich wird.

Beispiel: Kritik an den sozialen Verhältnissen
- Auftreten des Doktors: Er fordert ein Produkt ein: die Harnprobe. Bei Fehlverhalten seines Probanden reagiert er wütend, analysiert aber nur vordergründig die bestehende Situation.
- Woyzeck als Patient: Er verteidigt sein natürliches Bedürfnis, berichtet von neuen Halluzinationen infolge seiner einseitigen Ernährung mit Erbsen.
- Woyzeck zeigt sich gleichzeitig untertänigst treu: Er erfüllt seine Pflichten gegenüber dem Hauptmann, seiner Frau und dem Doktor. Der Doktor hält die ungleiche Beziehung aufrecht. Woyzeck hat keine Chance, dieser Beziehung zu entweichen.
- Auch kann Woyzeck mit keiner medizinischen Hilfe zur Beilegung der durch die einseitige Ernährung ausgelösten Halluzinationen rechnen. Gleichzeitig weiß er seiner Frau nicht anders zu helfen als durch dieses Zubrot.

5 **Erstellen Sie eine Zusammenfassung.** Greifen Sie hierzu auch auf Hintergründe bei der Entstehung des Dramas zurück und nehmen Sie ggf. auf (zeitgenössische) Reaktionen zum Drama Bezug.

Beispiel:
Wie in der Einleitung bereits dargestellt, ist das historische Vorbild für den Büchnerschen Woyzeck der in Leipzig geborene Johann Christian Woyzeck. Er erstach Johanna Christiane Woost aus Eifersucht. Zwar ist bei Woyzeck von einer psychischen Krankheit auszugehen, denn er hört immer wieder Stimmen. Seine Krankheit wird aber durch den Vertrag mit dem Arzt verstärkt, da der Woyzeck nicht heilen will, sondern ihn als Versuchskaninchen benutzt. Eine große Rolle spielen auch die gesellschaftlichen Hintergründe, ganz besonders die Gliederung der Gesellschaft. Deutlich wird dies vor allem mit einem Blick auf die vorkommenden Figuren und deren Sprache. Woyzeck wird in dieser Gesellschaft unterdrückt und gedemütigt. Auch die durch den Arzt verordnete einseitige Ernährung (Erbsen-Diät) verschlechtert den sowieso schon angeschlagenen Zustand von Woyzeck. Dies zeigt einmal mehr, dass der Arzt kein Interesse hat, jemandem aus einem niederen Stand zu helfen, sondern nur seine egoistischen Ziele verfolgt. Woyzeck kann sich aufgrund der gesellschaftlichen Bedingungen nicht entziehen, da er auf diesen Nebenverdienst angewiesen ist und muss sich darum der Willkür anderer Menschen unterordnen.

4.3.3   Fachbegriffe zur Dramenanalyse

Drama: ein Oberbegriff für Texte mit verteilten Rollen.

Tragödie: Form des Dramas, kennzeichnend ist der schicksalhafte Konflikt der Hauptfigur.

Komödie: Form des Dramas, kennzeichnend ist der erheiternde Handlungsablauf, der in der Regel glücklich endet.

Akt: ein Hauptabschnitt der Handlung, an dessen Schluss der Vorhang fällt.

Szene: Akte werden in Szenen unterteilt. Eine neue Szene beginnt dann, wenn eine Figur auftritt oder abgeht.

Hauptfigur: die Person, um die es geht, deren Geschichte erzählt wird: ihre Konflikte, ihre Abenteuer oder ihre seelische oder körperliche Entwicklung. Oft weist schon der Titel darauf hin: z.B. *Woyzeck*.

Nebenfigur: zusätzlich zu der Hauptfigur auftretende Person.

Botenbericht: technisches Stilmittel, um das Publikum über Ereignisse zu informieren, die für das Verständnis der Handlung wichtig sind, die aber nicht direkt auf der Bühne dargestellt werden.
Hierzu gibt eine Person auf der Bühne einer anderen einen Bericht über diese Ereignisse.

Regie-anweisung: in den Dramentext eingefügte Bemerkungen des Dichters bezüglich Bühnenausstattung, Mimik, Gestik, Sprechtempo, Musik, Auftreten und Abtreten von Figuren.

Fachbegriffe zur Analyse einer Dramenszene bzw. eines Gesprächsverlaufs:

Phasen (Makrostruktur) eines Gesprächs:		
Gesprächseröffnung ▶	**Gesprächsmitte** (Kernphase) ▶	**Gesprächsende**
Die Gesprächspartner bzw. Figuren stellen Kontakt zueinander her. Die Gesprächssituation wird definiert und das Thema des Gesprächs festgelegt.	Die Figuren entfalten das Thema inhaltlich und realisieren damit in der Regel das Hauptziel ihres Gesprächs.	Eine der Figuren leitet eine Initiative zum Beenden des Gespräches ein, der Partner stimmt diesem Gesprächsende zu.

Mikrostruktur: Hier steht das Gesprächsthema im Mittelpunkt. Die Figuren unterhalten sich über ein bestimmtes Thema, dessen Entfaltung oder Entwicklung je nach Zielsetzung variiert:

- deskriptiv (etwas beschreibend),
- narrativ (etwas erzählend),
- explikativ (etwas erklärend),
- argumentativ (jemanden von etwas überzeugen wollen).

Die Themenentfaltung wird organisiert durch:

Sprecherwechsel ▶	Unter Verwendung rhetorischer Signale: ▶	Unter Einbeziehung nonverbaler Signale:
Durch Unterbrechung des Redenden, fugenlos,	„Das sehe ich anders!"	Kopfnicken, Kopfschütteln usw.
Wechsel nach einer Pause		

Mögliche Sprechakte können sein (siehe dazu auch Seite 42):

Zustimmung	Dank	Kondulation	Warnung
Ablehnung	Entschuldigung	Versprechen	Angebot, Drohung, Wunsch usw.
Generalisierung	Billigung	Aufforderung	
Kommentierung	Aufhebung	Autorisierung	
Einschränkung	Gratulation	Ratschlag	

4.4   Analyse und Interpretation einer Kurzgeschichte

Hermann Kasack

Der mechanische Doppelgänger

1   „Ein Herr wünscht Sie zu sprechen", meldete die Sekretärin. Ich las auf der Besuchskarte: Tobias Hull, B.A. – Keine Vorstellung. Auf meinen fragenden Blick: „Ein Herr in den besten Jahren, elegant."
Der Herr tritt ein und setzt sich. „Erschrecken Sie nicht, weil ich eine Art Automat bin, eine Maschine in Menschenform, ein Ersatz sozusagen. Mr. Tobias Hull existiert wirklich. Der Chef einer großen
5   Fabrik zur Herstellung mechanischer Doppelgänger. Ich bin, wie sagt man, seine Projektion, ja, Agent in Propaganda. Ich kann Ihnen natürlich meinen Mechanismus im Einzelnen nicht erklären – Sie verstehen: Fabrikationsgeheimnis! Aber wenn Sie daran denken, dass die meisten Menschen heutzutage ganz schablonenmäßig leben, handeln und denken, dann werden Sie sofort begreifen, worauf sich unsere Theorie gründet! Herz und Verstand werden bei uns ausgeschaltet. Sie sind es ja, die im Leben
10   so oft die störenden Komplikationen hervorrufen. Bei uns ersetzt die Routine alles. Sehr einleuchtend, nicht wahr?"
Ich nickte verstört. „Oh! Mein Inneres ist ein System elektrischer Ströme, automatischer Hebel, großartig! Eine Antennenkonstruktion, die auf die feinsten Schwingungen reagiert. Sie lässt mich alle Funktionen eines menschlichen Wesens verrichten, ja, in gewisser Weise noch darüber hinaus. Sie
15   sehen selbst, wie gut ich funktioniere."
Zweifelnd, misstrauisch betrachte ich das seltsame Geschöpf. „Unmöglich!" sage ich. „Ein Taschenspielertrick. Sehr apart. Indessen-"
„Oh! Ich kann mich in sieben Sprachen verständigen. Wenn ich zum Beispiel den obersten Knopf meiner Weste drehe, so spreche ich fließend englisch, und wenn ich den nächsten Knopf berühre, so
20   spreche ich fließend französisch, und wenn ich-"
„Das ist wirklich erstaunlich!"
„Oh! In gewisser Weise; vor allem aber angenehm. Wünschen Sie ein Gespräch über das Wetter, über Film, über Sport? Über Politik oder abstrakte Malerei? Fast alle Themen und Vokabeln des modernen Menschen sind in mir vorrätig. Auch eine Spule von Gemeinplätzen lässt sich abrollen. Alles
25   sinnreich, komfortabel und praktisch. Wie angenehm wird es für Sie sein, wenn Sie sich erst einen mechanischen Doppelgänger von sich halten – oder besser, wenn Sie gleich zwei Exemplare von sich zur Verfügung haben. Sie könnten gleichzeitig verschiedene Dienstreisen unternehmen, an mehreren Tagungen teilnehmen, überall gesehen werden und selber obendrein ruhig zu Hause sitzen. Sie haben einen Stellvertreter Ihres Ichs, der Ihre Geschäfte wahrscheinlich besser erledigt als Sie selbst. Sie wer-
30   den das Doppelte verdienen und können Ihre eigene Person vor vielen Überflüssigkeiten des Lebens bewahren. Ihr Wesen ist vervielfältigt. Sie können sogar sterben, ohne dass die Welt etwas davon bemerkt. Er macht weitere Ausführungen und schließt dann: „Berühmte Rennfahrer und Wettläufer halten sich schon Doppelgänger-Automaten, die ihre Rekorde ständig steigern."
„Phantastisch! Man weiß bald nicht mehr, ob man einen Menschen oder einen Automaten vor sich hat."
35   „Darf ich also ein Duplikat von Ihnen herstellen lassen? Sie sind nicht besonders kompliziert zusammengesetzt, das ist günstig. Das hineingesteckte Kapital wird sich bestimmt rentieren. Morgen wird ein Herr kommen und Maß nehmen."
„Die Probe Ihrer Existenz war in der Tat verblüffend, jedoch-" Mir fehlten die Worte und ich tat so, als ob ich überlegte. „Jedoch, sagen Sie nur noch: der Herr, der morgen kommen soll, ist das nun ein
40   Automat oder ein richtiger Mensch?"
„Ich nehme an, noch ein richtiger Mensch. Aber es bliebe sich gleich. Guten Tag."

(aus: Hermann Kasack: Der mechanischer Doppelgänger. Reclam 1959. Deutsche Erstveröffentlichung unter dem Titel: Der Automat. In: Die Aktion, 1916.)

4.4.1 Eine Kurzgeschichte analysieren

Kurzgeschichten weisen besondere Kennzeichen auf. In der Regel beginnen sie plötzlich, enden offen und verdichten das Geschehen auf einen einzigen Augenblick, der allerdings für die dargestellten Figuren von besonderer Bedeutung ist. Thema und Sprache sind meist dem Alltag entnommen. Das innere Geschehen – die Gedanken der Figuren – wird häufig in erlebter Rede oder als innerer Monolog wiedergegeben. Oftmals steht das Wesentliche zwischen den Zeilen und wird durch Andeutungen, Mehrdeutigkeiten und Metaphern zum Ausdruck gebracht.

1 Lassen Sie die Kurzgeschichte auf sich wirken: Was geschieht, wer sind die Beteiligten, wo spielt sich die Szene ab? Stellen Sie den **Autor, den Titel und die Handlung vor.**
Formulieren Sie hierzu den Inhalt in wenigen Worten.

Beispiel:
Hermann Kasacks Kurzgeschichte „Der mechanische Doppelgänger" wurde erstmals 1916 unter dem Titel „Der Automat" in der literarischen und politischen Zeitschrift „Die Aktion" veröffentlicht.
Sie beschreibt ein Verkaufsgespräch zwischen einem Herrn, der sich als mechanischer Doppelgänger des Tobias Hull vorstellt, und einer nicht näher benannten Person. Die Szene wird aus der Ich-Perspektive dieser Person erzählt. Der mechanische Doppelgänger wirbt für ein Produkt, die Kopie eines Menschen, und stellt sich zur Veranschaulichung gleich selbst vor.

2 Im nächsten Schritt fragen Sie nach den Hintergründen: Warum, weshalb und wieso geschieht, was geschieht? **Formulieren Sie Ihre Fragen** in Bezug auf den Titel und das Verhalten der Gesprächsteilnehmer bzw. der Protagonisten.

Beispiel:
- Welche Eigenschaften hat dieser mechanische Doppelgänger?
- Welche Wirkung erzeugt er bei seinem Gesprächspartner?

Der mechanische Doppelgänger beschreibt sich selbst als System elektrischer Ströme. Feinste Antennen reagieren auf feinste Schwingungen, so wie ein menschliches Wesen reagieren würde. Gefühl und Verstand seien allerdings ausgeschaltet.
Der Grund für diese Geschäftsidee: Herz und Verstand rufen im Leben oft störende Komplikationen hervor. Und Menschen leben heutzutage im Allgemeinen ganz schablonenmäßig, routinemäßig.
Weiter unten im Text ergänzt er die Vorzüge seines Doppelgängertums: Doppelter Verdienst, Spareffekt und Ruhe für das eigene Selbst, während das Double kontinuierlich die Leistung steigert und in der Welt herumfährt.
Das Duplikat sei so authentisch, dass das Original sogar unerkannt sterben könnte.

3 **Vertiefen Sie sich jetzt in den Text:** Wo finden Sie Antworten auf Ihre Fragen?
Klären Sie dazu auch folgende Aspekte:
- Wie sind die Personen gestaltet, in welcher Beziehung stehen sie zueinander?
- Wie entwickelt sich das Geschehen/das Gespräch? Benennen Sie hierzu die entscheidenden Handlungen oder Ereignisse.
- Welche zentralen Motive sind erkennbar?

Beispiel:
Das als Verkaufsgespräch gestaltete Gespräch weist einen deutlich höheren Redeanteil des Verkäufers auf, auf Einwände und Bedenken wird wenig eingegangen:

Der mechanische Doppelgänger stellt sich und seine Geschäftsidee kurz vor.

Der Grund für diese Geschäftsidee: Herz und Verstand rufen im Leben oft störende Komplikationen hervor. Und Menschen leben heutzutage im Allgemeinen ganz schablonenmäßig und routinemäßig. Das Verhalten des Gesprächspartners scheint der Logik des Doppelgängers zu widersprechen. Er kommt überhaupt nicht zu Wort, scheint sprachlos.

Konstruktive Fragen nach den Einsatzmöglichkeiten und dem Leistungsvermögen beantwortet der Doppelgänger ungestellt. Der Ich-Erzähler erscheint als Antithese zur These des Doppelgängers: überrumpelt vom menschlichen Erstaunen über eine solche Geschäftsidee.

Zum Vertragsabschluss und damit zum Verkauf kommt es allerdings nicht.

4 Untersuchen Sie jetzt, welche Wirkung die **sprachliche Gestaltung** erzeugt.

Achten Sie darauf, ob bestimmte sprachliche Wendungen besonders hervorstechen.

Beispiel:

- Das Verkaufsgespräch als Dialog, der zum Monolog verkommt: Der Ich-Erzähler reagiert nur sprachlos oder mit kurzen Floskeln auf den immensen Redeschwall der Maschine.

    Zweifelnd, misstrauisch betrachte ich das seltsame Geschöpf. (Z. 16)

    Ich nickte verstört. (Z. 12)

    „Das ist wirklich erstaunlich!" (Z. 21)

    „Phantastisch! Man weiß bald nicht mehr, ob man einen Menschen oder einen Automaten vor sich hat." (Z. 34)

- Es liegt informierender und appellierender Sprechakt vor (siehe auch Seite 42).

    Darf ich also ein Duplikat von Ihnen herstellen lassen? (Z. 35)

- Substantive und Adjektive preisen die Vorzüge des Produktes:

    Alles sinnreich, komfortabel und praktisch. Wie angenehm wird es für Sie sein, wenn Sie sich erst einen mechanischen Doppelgänger von sich halten – oder besser, wenn Sie gleich zwei Exemplare von sich zur Verfügung haben. (Z. 24–25)

- Anaphern verdeutlichen das Ansprechen des Kunden, gleichzeitig wirken Sie unpersönlich.

    Die Aufzählung wiederum dient dazu, Vorzüge des Produkts aneinanderzureihen.

    Sie könnten gleichzeitig verschiedene Dienstreisen unternehmen, an mehreren Tagungen teilnehmen, überall gesehen werden und selber obendrein ruhig zu Hause sitzen. Sie haben einen Stellvertreter Ihres Ichs, der Ihre Geschäfte wahrscheinlich besser erledigt als Sie selbst. Sie werden das Doppelte verdienen und können Ihre eigene Person vor vielen Überflüssigkeiten des Lebens bewahren. (Z. 27–30)

5 Versuchen Sie nun, eine **Interpretationshypothese** zu formulieren:

Worin besteht (Ihrer Meinung nach) die Aussage der Kurzgeschichte?

Beispiel:

Der mechanische Doppelgänger zeigt mit kritischem Unterton die Einsatzmöglichkeiten moderner Technik. Die Beantwortung der Frage, ob sich solch ein Double tatsächlich lohnt, bleibt gemäß der Textsorte Kurzgeschichte offen und damit dem Leser überlassen.

1   Untersuchen Sie die Aufgabenstellung.

Beispiel:

Analysieren und interpretieren Sie folgende Kurzgeschichte.

Eine Analyse des Textes haben Sie bereits mit den Arbeitsschritten auf den Seiten 82 bis 83 vorgenommen, entsprechend müssen Sie ihn nun noch interpretieren. Beim Interpretieren des Textes schreiben Sie ihm einen Sinn zu. Formulieren Sie hierfür eine passende These: Was will uns die Geschichte sagen?

Beispiel:

Die Kurzgeschichte fragt mit kritischem Unterton am Beispiel eines mechanischen Doppelgängers für Menschen nach Möglichkeiten und Grenzen des Einsatzes moderner Technik.

2   **Legen Sie eine Stoffsammlung an:** Wie können Sie Ihre These begründen? Nutzen Sie das Material aus der Analyse, um damit Ihre These zu beweisen.

Beispiel:

- Ein mechanischer Doppelgänger dient als Beispiel für moderne Technik, wobei die Präsentation dieser Technik in Form einer Beschreibung durch diese Technik selbst erfolgt.
- Möglichkeiten dieser Technik: Die Vorzüge des Doppelgängers werden von ihm selbst benannt und sprachlich durch treffende Adjektive und Nomen veranschaulicht.
- Kritisch hinterleuchtet:
  - Die Art des Verkaufsgesprächs: Es verkommt zum Scheindialog, der Kunde (bzw. Nutznießer der Technik) wird überrumpelt.
  - Verhalten des Kunden: Er stellt Rückfragen, zeigt Zweifel.
- Der Sinn dieses Produkts: Er wird mit dem letzten Satz im Text allgemein hinterfragt.
- Offener Ausgang der Kurzgeschichte über den Nutzen dieser Technik: Ob ein Kauf stattfindet oder nicht bleibt offen, da der Doppelgänger das Verkaufsgespräch abrupt abbricht.

3   **Verfassen Sie die Einleitung:**
- Der erste Satz enthält Autor, Titel sowie Erscheinungsjahr der Kurzgeschichte und den inhaltlichen Kerngedanken. Diesen erläutern Sie in zwei bis drei Sätzen und geben damit den Inhalt der Kurzgeschichte zusammengefasst wieder.
- Im Anschluss formulieren Sie Ihre Interpretationshypothese und
- benennen Ihr Vorgehen.

Beispiel:

In der Kurzgeschichte „Der mechanische Doppelgänger" von Hermann Kasack aus dem Jahre 1916 geht es um ein Produkt, den mechanischen Doppelgänger, dessen Vorzüge dem potentiellen Kunden in einem Verkaufsgespräch von diesem Produkt selbst vorgestellt werden. Der Ausgang des Gesprächs bleibt offen, da der Kunde nicht wirklich von dessen Nutzen überzeugt wird.

Mit dieser Kurzgeschichte werden nunmehr Möglichkeiten und Grenzen des Einsatzes moderner Technik kritisch hinterleuchtet. Das möchte ich mit den folgenden Ausführungen zeigen.

4 Schreiben Sie nun den Hauptteil: Formulieren Sie Ihre Gedanken aus der Stoffsammlung in einem zusammenhängenden Text.

Beispiel:

Als Beispiel modernster Technik wird ein mechanischer Doppelgänger für Menschen vorgestellt. Er besteht aus einer Antennenkonstruktion, die auf die feinsten Schwingungen reagiert und so menschliches Verhalten simulieren kann. Beispielsweise kann der Doppelgänger in sieben Sprachen sprechen oder ein Gespräch über das Wetter oder über Politik führen. Als Kopie seines Kunden kann er beispielsweise an Konferenzen und Dienstreisen teilnehmen und dessen Geschäfte besser abwickeln als der Kunde selbst.

Der Doppelgänger preist seine Vorzüge entsprechend an: Alles sinnreich, komfortabel und praktisch, angenehm für den Kunden. Er [der Kunde] könne sogar sterben, ohne dass die Welt davon etwas merke.

Der Ich-Erzähler als angesprochener Kunde reagiert darauf sehr kritisch: Zum einen ist er misstrauisch, andererseits scheint es ihm die Sprache zu verschlagen, wie durch den Ausruf „Das ist wirklich erstaunlich!" (Z. 21) deutlich wird. Weiter unten im Text reflektiert er seine Sprachlosigkeit in Form eines inneren Monologs: „Mir fehlten die Worte und ich tat so, als ob ich überlegte" (Z. 38–39). Sein Ausruf „Phantastisch" (Z. 34) lässt sich auch ironisch lesen.

Der Sinn eines solchen mechanischen Produkts wird vom Produkt selbst benannt: Die meisten Menschen würden nur noch schablonenmäßig leben, denken und handeln, folglich seien Herz und Verstand ohnehin ausgeschaltet. Das, was zu tun bliebe, könne folglich auch ein Automat übernehmen – konstruiert nach der inneren Struktur des Kunden: „Sie sind nicht besonders kompliziert zusammengesetzt, das ist günstig."

Der Ausgang des Verkaufsgesprächs bleibt offen. Ebenso die Frage, ob morgen ein Mensch oder Automat Maß nehmen solle, bleibt offen. Offenbar ist auch diese Produktanfertigung bereits standardisiert.

5 Formulieren Sie eine sinnvolle Zusammenfassung:
- Erinnern Sie hierzu an die Interpretationshypothese,
- führen Sie für diese noch einmal die beweiskräftigsten Argumente an und
- erweitern Sie gegebenenfalls den Blick auf andere Kurzgeschichten mit einer vergleichbaren Problematik.

Beispiel:

Die Vorzüge modernster Technik bestehen im Falle des Doppelgängers in der rein rationellen Verrichtung zahlreicher Arbeits- sowie Tagesabläufe. Nachteile liegen darin, dass beispielsweise bei bestimmten Entscheidungen ein durch Vernunft und Gefühl geleitetes Augenmaß gefragt ist, das aber durch den Einsatz des Doppelgängers ausgeschaltet bleibt. Dadurch werden weitreichende Fehlentscheidungen möglich. Ob dies für die Beteiligten von wirklichem Nutzen ist, möchte auch ich infrage stellen.

6 Lesen Sie anschließend den Aufsatz Korrektur.
- Ersetzen Sie Wortwiederholungen durch Synonyme.
- Ersetzen Sie Schachtelsätze durch kurze Einzelsätze.
- Überprüfen Sie, ob alle Gedanken an der richtigen Stelle stehen.
- Kontrollieren Sie, ob Sie richtig zitiert haben und wichtige Argumente mit Zeilenangaben belegt sind.
- Achten Sie darauf, dass der rote Faden sprachlich deutlich wird.
- Verbessern Sie alle Rechtschreibfehler.

Bernhard Schlink

Der Vorleser (Auszug)

1 „Ich freue mich, dass du rauskommst."

„Ja?"

„Ja, und ich freue mich, dass du in der Nähe sein wirst." Ich erzählte ihr von der Wohnung und Arbeit, die ich für sie gefunden hatte, von den kulturellen und sozialen Angeboten im

5 Stadtviertel, von der Stadtbücherei. „Liest du viel?"

„Es geht so. Vorgelesen bekommen ist schöner." Sie sah mich an. „Damit ist jetzt Schluss, nicht wahr?"

„Warum soll damit Schluss sein?" Aber ich sah mich weder Kassetten für sie besprechen noch ihr begegnen und vorlesen. „Ich habe mich so gefreut und dich so bewundert, dass du lesen

10 gelernt hast. Und was hast du mir für schöne Briefe geschrieben!" Das stimmte; ich hatte sie bewundert und mich gefreut, darüber, dass sie las und darüber, dass sie mir schrieb. Aber ich spürte, wie wenig meine Bewunderung und Freude dem angemessen waren, was Hanna das Lesen- und Schreibenlernen gekostet haben musste, wie dürftig sie waren, wenn sie mich nicht einmal dazu hatten bringen können, ihr zu antworten, sie zu besuchen, mit ihr zu reden. Ich

15 hatte Hanna eine kleine Nische zugebilligt, durchaus eine Nische, die mir wichtig war, die mir etwas gab und für die ich etwas tat, aber keinen Platz in meinem Leben.

Aber warum hätte ich ihr einen Platz in meinem Leben zubilligen sollen? Ich empörte mich gegen das schlechte Gewissen, das ich bei dem Gedanken bekam, sie auf eine Nische reduziert zu haben. „Hast du vor dem Prozess an das, was in dem Prozess zur Sprache kam, eigentlich

20 nie gedacht? Ich meine, hast du nie daran gedacht, wenn wir zusammen waren, wenn ich dir vorgelesen habe?"

„Beschäftigt dich das sehr?" Aber sie wartete nicht auf eine Antwort. „Ich hatte immer das Gefühl, dass mich ohnehin keiner versteht, dass keiner weiß, wer ich bin und was mich hierzu und dazu gebracht hat. Und weißt du, wenn keiner dich versteht, dann kann auch keiner

25 Rechenschaft von dir fordern. Auch das Gericht konnte nicht Rechenschaft von mir fordern. Aber die Toten können es. Hier im Gefängnis waren sie viel bei mir. Sie kamen jede Nacht, ob ich sie haben wollte oder nicht. Vor dem Prozess habe ich sie, wenn sie kommen wollten, noch verscheuchen können."

(aus: Bernhard Schlink: Der Vorleser. Diogenes Verlag: Zürich. 1997. S. 186f.)

4.5.1 Annäherung an einen Textauszug

Das produktive Erschließen von Literatur verlangt von Ihnen einerseits, einen Textauszug auf die in den vorhergehenden Abschnitten dargestellte Art zu analysieren und zu deuten. Dazu müssen Sie eine Interpretationshypothese formulieren.

Auf der anderen Seite bleibt in der Gesamtdeutung des Textes sowie dessen Problemstellung eine Lücke, sozusagen ein Fragezeichen. Diese Lücke innerhalb der Interpretation sollen Sie schließen; d.h., Sie schreiben – abhängig von der Aufgabenstellung – den Text weiter. Hierzu können Sie sich – je nach Art des Textes und der jeweiligen Aufgabenstellung – unterschiedlicher **Erzähltechniken** bedienen (siehe hierzu Seite 90).

1 **Ermitteln Sie zunächst Autor, Titel und Thema des Textauszugs.** Ordnen Sie hierzu den vorgelegten Auszug in den Gesamtzusammenhang des vollständigen literarischen Werks ein.
Fassen Sie hierfür sowohl den Inhalt des Werkes als auch des vorgelegten Textauszugs zusammen.
(Hierzu müssen Sie selbstverständlich mit dem jeweiligen literarischen Werk vertraut sein.)

Beispiel:
Der Vorleser ist ein Roman des deutschen Schriftstellers Bernhard Schlink aus dem Jahr 1995. Er schildert die Erlebnisse des Ich-Erzählers, des fünfzehnjährigen Schülers Michael Berg, der erkrankt, kurzzeitig Hilfe von der 36 Jahre alten Schaffnerin Hanna Schmitz erhält, sich nach seiner Genesung bei ihr dafür nicht ganz freiwillig bedankt und darüber eine Liebesbeziehung mit vielen Fragen, Enttäuschungen und Verletzungen entsteht. Jahre später begegnet er Hanna als Jurastudent in einem Prozess wieder, in dem sie als ehemalige KZ-Aufseherin angeklagt ist und verurteilt wird. Zeitlich ist der Textauszug kurz vor ihrer Entlassung aus dem Gefängnis einzuordnen. Insgeheim bewundert Michael Hanna für die Anstrengungen, mit denen sie Lesen und Schreiben gelernt hat, und befragt sie zu ihrem Verhalten rund um den Prozess.

2 **Formulieren Sie Fragen, die Ihnen beim Lesen des Auszuges kommen.**

- Wer ist der Ich-Erzähler, wer ist Hanna?
- Wie lässt sich das Verhältnis zwischen beiden beschreiben?
- Wie erstreckt sich die Geschichte zeitlich?
- Was ging in Hanna während ihrer Zeit im Gefängnis vor?
- Wie reflektiert sie ihr Verhalten während der fraglichen Zeit?

3 **Analysieren Sie den vorliegenden Auszug und verdichten Sie Ihre Ergebnisse in einer Interpretationshypothese.**

Beispiel:
Michael besucht Hanna im Gefängnis. Er teilt ihr seine Freude über ihre baldige Entlassung mit und erzählt ihr von den Angeboten, die sie draußen erwarten. Hanna möchte sich vergewissern, ob sie auch weiterhin von ihm vorgelesen bekommen wird, denn im Gefängnis hat sie mit Hilfe der von ihm besprochenen Kassetten Lesen und Schreiben gelernt. Michael reflektiert in einem inneren Monolog seine Einstellung gegenüber Hannas Leistung und befragt sie schließlich zu ihrem Verhalten rund um den Prozess. Hannas Antwort macht dabei zweierlei deutlich: Einerseits hat sie den Eindruck, von ihrer Umwelt als die Person, die sie wirklich war, nicht wahrgenommen zu werden. Daraus schlussfolgert sie, dass sie für ihr Verhalten während des Krieges nicht von einem späteren Gericht zur Verantwortung gezogen werden könne, sondern nur sich selbst und den zu Tode Gekommenen Rechenschaft schuldig sei. Hanna selbst begeht am Tag ihrer Haftentlassung Selbstmord.
Ein Anlass, Michael in einem Abschiedsbrief letzte Gedanken zu dieser Frage zu hinterlassen.

4 **Schlüpfen Sie in die Rolle der betreffenden Figur.** Überlegen Sie sich, welche Gedanken, Erlebnisse und Verhaltensweisen, welche Konfliktsituation und welche Lösungsmöglichkeit dazu erzählt werden sollten, um das Vorliegende zu verstehen. Überlegen Sie, was z. B. Hanna in einem Abschiedsbrief mitteilen könnte. Machen Sie sich Notizen. (Siehe hierzu die folgende Seite.)

4.5.2   Eine produktive Textinterpretation verfassen

Und so gehen Sie vor:

1   Klären Sie die Aufgabenstellung.

Beispiel:

Analysieren und interpretieren Sie vorliegenden Textauszug. Versetzen Sie sich in Hannas Position. Verfassen Sie deren Abschiedsbrief an Michael.

- **Analysieren** heißt hier, die Konfliktsituation und deren Teilnehmer zu erkennen. Sprachliche Mittel und ihre Wirkung müssen hierbei nicht ermittelt und gedeutet werden.
- **Interpretieren** bedeutet hier, dem Textauszug im Kontext des Gesamttextes einen Sinn zuzuschreiben und die Untersuchungsfrage (Interpretationshypothese) abzuleiten (siehe 3 auf Seite 89).
- **Produktive Auseinandersetzung** heißt, den Text weiter zu schreiben, also eine Lücke, die der Autor gelassen hat oder die sich in der Struktur des Textes befindet, selbständig zu füllen. Liegt Ihnen ein Erzähltext vor, müssen Sie die Position des Erzählers (auktorial, personal, Ich-Erzähler – siehe Seite 90) klären sowie die Art der Rede (Gespräch, Rede, Brief, innerer Monolog, o. Ä.). Außerdem müssen Sie die Schreibsituation und damit das Thema Ihres zu schreibenden Textes klären.

Beispiel:

Einen Abschiedsbrief Hannas am Ende ihres Gefängnisaufenthaltes zu verfassen, bedeutet, einen Rückblick auf das Gewesene zu geben, aufgrund dessen sie zur Haft verurteilt wurde, sowie Gründe für ihren Selbstmord aufzuzeigen. Zu schreiben ist dieser Brief in der Ich-Perspektive.

2   **Legen Sie eine Stoffsammlung an.** Überlegen Sie hierzu, welche Gedanken über das Buch, dessen Problematik und Art der Konfliktlösung Sie benötigen, um die gestellte Aufgabe zu lösen.

Beispiel:

- Ich-Erzähler Michael blickt zurück auf ein Erlebnis in der Jugend: Gelbsucht, Hilfe durch Hanna, Danksagung und Erfahrung erster großer Liebe mit vielen Verletzungen. Er versucht, dieses Erlebnis rückblickend durch Schreiben zu verarbeiten.
- Die Erzählzeit umfasst wenige Wochen, die erzählte Zeit erstreckt sich von der Schulzeit bis ins berufliche Erwerbsalter (ca. 20 Jahre). Der Protagonist hat Recht studiert, ist verheiratet, hat eine Tochter und lebt getrennt von seiner Frau.
- Hanna befindet sich aufgrund ihres Verhaltens während des Zweiten Weltkrieges in Haft. Hintergrund des Verhaltens: KZ-Häftlinge wurden während eines Fliegerangriffs nicht aus brennender Kirche befreit. Die Verantwortung hierfür versucht das Gericht zu klären.
- Schlüsselstelle für die Verurteilung: Hanna habe den Bericht über diese Nacht geschrieben. Michael – als Beobachter des Prozesses – weiß jedoch, dass Hanna nicht schreiben und nicht lesen kann. Er verschweigt dieses Wissen jedoch.
- Er geht im vorliegenden Textauszug mit diesem Wissen zum Vorsitzenden Richter, teilt es ihm jedoch nicht mit, fühlt sich aber dennoch nach diesem Gespräch innerlich erleichtert.
- Hanna lernt im Gefängnis Lesen sowie Schreiben und informiert sich in der Fachliteratur über die Ereignisse während des Nationalsozialismus. Im vorliegenden Textauszug, der kurz vor Hannas Haftentlassung angesiedelt ist, befragt sie Michael dazu. In der Nacht vor dem Tag ihrer Entlassung begeht sie Selbstmord.
- Im Brief: Letzte Gedanken an Michael, Gründe für Hannas Selbstmord ansprechen.

3 **Schreiben Sie die Einleitung.**
- Geben Sie Autor, Titel und Thema des Textes an,
- erstellen Sie eine kurze Inhaltsangabe und
- formulieren Sie die Interpretationshypothese.

Beispiel:
Der Roman „Der Vorleser" von Bernhard Schlink aus dem Jahr 1995 legt den Schwerpunkt auf die Frage nach der Schuld von Hanna bzw. Michael. Michael beginnt während seiner Jugend eine Affäre mit der viel älteren Hanna. Doch auch nachdem sie ihn – infolge eines Umzugs in eine andere Stadt – verlässt, kann er nicht von ihr loslassen. Jahre später begegnet er ihr in einem Gerichtsprozess, in dem sie aufgrund ihrer Verwicklungen während des Nationalsozialismus zur lebenslänglichen Haft verurteilt wird. Michael verschweigt dem Gericht, dass das Hanna zugeordnete schriftliche Geständnis nicht von ihr sein kann, da sie weder lesen noch schreiben kann. Am Ende nimmt sie sich kurz vor der Haftentlassung das Leben. Dem Leser stellt sich nun die Frage, ob nicht Michael Hanna zum Tode verurteilte, z. B. dadurch, dass er dem Gericht Hannas Analphabetismus verschwieg.

4 **Füllen Sie nun die in der Aufgabe benannte Leerstelle aus: Schreiben Sie den Abschiedsbrief.**

Beispiel:

Lieber Michael,
ich hoffe, du verstehst, warum ich so gehandelt habe und wirst endlich glücklich. Du hast nun eine Tochter, um diese musst du dich kümmern.
Mein Leben bestand darin, mein größtes Geheimnis nicht preiszugeben. Du warst derjenige, der mir geholfen hat, lesen und schreiben zu lernen. Du hast mich in jungen Jahren glücklich gemacht. Doch nun ist es Zeit, loszulassen. Ich konnte es nicht ertragen, in der neuen Welt ohne dich zu leben, doch dies wäre der Fall.
Ich danke dir, dass du dich um alles gekümmert hast, allerdings ist mir bewusst geworden, was ich in meinem Leben getan habe, da ich mich im Gefängnis damit auseinander gesetzt habe. Draußen würden mich die Leute wieder nach den Gründen fragen, warum ich die Menschen nicht aus der Kirche rausgelassen habe, ich hätte kein ruhiges Leben gehabt. Ich habe doch nur ausgeführt, wozu ich beauftragt wurde. Jungchen, ich danke dir für wundervolle Monate, für deine Unterstützung. Ich bitte dich, die lila Teedose zu nehmen, denn in dieser befindet sich noch etwas Geld. 7000 Mark sind noch zusätzlich auf der Sparkasse. Ich bitte dich, dieses Geld der Tochter zu geben, die mit ihrer Mutter den Brand in der Kirche überlebt hat. Sie soll entscheiden, was mit diesem Geld geschehen soll.
Lieber Michael, ich entschuldige mich für den Aufwand und auch dafür, dass ich dich verletzt habe und dir keine Fragen beantworten kann. Doch ich könnte dir nicht in die Augen schauen. Ich denke, es ist besser hier abzuschließen.
Lebe wohl, Hanna

5 **Im letzten Schritt klären Sie die in der Interpretation aufgeworfene Frage.**
Nutzen Sie hierfür Ihren selbstgeschriebenen Erzähltext: Welche genaueren Einsichten gewinnen Sie durch das selbst Erzählte?

Beispiel:
Hanna flüchtet in den Tod, um den zu erwartenden ständigen Nachfragen bezüglich ihres Verhaltens während des Zweiten Weltkriegs zu entgehen. Selbst ihrem „Liebhaber" und engstem Vertrauten vermag sie keine Antworten zu geben. Demnach steckt hinter diesem Tatvorwurf eine Tragik, die sich allein in Worte nicht fassen lässt. Michaels Schweigen während des Prozesses ist demnach kein Grund für Hannas Tod, sondern vielmehr Ausdruck einer gewissen Distanz, die Hanna auch später nicht aufzuheben vermochte oder nicht aufheben wollte.

4.5.3 Fachbegriffe zur Erzähltechnik

Die **Erzählperspektive** ist der Standort, von dem aus der Erzähler erzählt:

auktorialer Erzähler	personaler Erzähler	Ich-Erzähler
Der Erzähler ist allwissend, kommentiert und schaut aus der Vogelperspektive auf das Geschehen.	Der Erzähler erzählt aus der Perspektive einer Figur und bleibt dabei unbenannt.	Erzähler erzählt aus seiner Perspektive in der Ich-Form.

Techniken des Erzählers:
- **Indirekte Rede:** Der Erzähler gibt die Worte einer sprechenden Figur indirekt wieder, angezeigt durch Verben des Sagens (*verba dicendi*) (*sagte, meinte, behauptete usw.*) und den Konjunktiv.
- **Erlebte Rede:** Sie gibt Gedanken einer Figur in der dritten Person wieder (*Er/Sie sollte sich gedulden*).
- **Innerer Monolog:** Er wird oft zur Vermittlung von Gedankenvorgängen gebraucht und gibt Bewusstseinsinhalte und Reflexionen einer Figur wieder, die sich selbst anspricht. Er besteht aus direkter Rede, die aber entweder nicht ausgesprochen oder von Außenstehenden nicht bemerkt wird.
- **Bewusstseinsstrom** (*Stream of consciousness*): Der Autor versucht, die Wahrnehmungen, Gedanken, Gefühle und Reflexionen einer Erzählfigur subjektiv so wiederzugeben, wie sie im menschlichen Bewusstsein fließen.

Erzählhaltung: Sie kennzeichnet die Einstellung des Erzählers gegenüber dem Erzählten und wird durch die Wahl der Sprache deutlich (sachlich, unbeteiligt, ironisch, humorvoll, engagiert, wertend usw.).

Handlung:
- **Geschichte:** die stoffliche Grundlage, die literarisch gestaltet wird.
- **Plot:** „roter Faden", der Handlung und Charaktere logisch miteinander verknüpft.
- **Fabel:** das zugrundeliegende Handlungsgerüst von etwas Erzähltem, das sich inhaltlich zusammenfassen lässt (auch Szenario).
- **Motiv:** die kleinste handlungstragende Einheit, aus der sich der Antrieb zum Handlungsverlauf ergibt. Sie lässt sich modellhaft abbilden, z.B. Vater-Sohn-Konflikt, Dreieckskonflikt.

- **Einsträngig/mehrsträngig:** Die Handlung folgt einem bzw. mehreren Erzählfäden (als Handlungsstränge).
- **Äußere/innere Handlung:** Sie spielt sich außerhalb bzw. innerhalb der Figuren ab.

Gestaltung der Zeit:
- **Erzählzeit:** Sie bezeichnet in der Regel die Zeitspanne, die ein Leser für die Lektüre eines Textes benötigt.
- **Erzählte Zeit:** der Zeitraum, über den sich die Geschichte inhaltlich erstreckt.
- **Erzählgeschwindigkeit:** das Verhältnis zwischen erzählter Zeit und Erzählzeit.
  - **Zeitdeckung:** Erzählzeit und erzählte Zeit sind annähernd gleich.
  - **Zeitdehnung:** Die Erzählzeit ist länger als die erzählte Zeit. Der Erzählfluss wird beispielsweise durch Reflexionen, Kommentare, Beschreibungen usw. gedehnt.
  - **Zeitraffung:** Die Erzählzeit ist kürzer als die erzählte Zeit. Größere Zeiträume werden übersprungen (z.B. drei Jahre später) oder gerafft dargestellt.

Sachwortverzeichnis